尸体教科书

上野正彦的死亡学

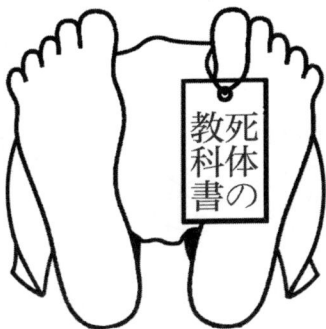

[日]上野正彦 著

周征文 译

东方出版社
The Oriental Press

上野正彦

日本法医界泰斗，医事评论家，推理作家协会会员。1929 年出生，1954 年进入日本大学医学部法医学研究室工作，1959 年成为日本东京监察医务院的法医，1984 年成为院长。从事法医工作期间，解剖尸体 5000 多具，进行尸检 20000 多具，凭借精湛的技艺获誉 "上野鉴定"。

退休后作为法医学专家活跃于电视节目、杂志采访。根据法医生涯中真实案件撰写的图书成为畅销书，尤其擅长在揭示尸体奥秘、破解案件真相之余，进行法医学和社会学的双重分析。多部被翻译、引进国内，如《不知死，焉知生》《非正常死亡事件簿》等。

序　言
破解死者谜团的"8个依据"

　　从本书标题可知，本书讲的是死者，是尸体。而这样的书名再次提醒我，自己和尸体已经打了许多年的交道。就像职业棒球运动员一直将时间和生命奉献给棒球一样，我作为法医，作为当代的仵作，检验过和解剖过的尸体累计超过2万具。

　　换言之，我直接接触的尸体多达2万具以上。

　　另一方面，我接触过的活人又有多少呢？

　　恐怕不到100人吧。

　　我不是临床医生，不诊察活人。

　　只诊察死者。

　　从该意义层面看，我或许是全日本"接触尸体数量最多"的人。

作为法医，我通过验尸和解剖，是在"倾听尸体的诉说和告发"。

但随着残酷凶恶且手段狡猾的案件日益增加，尸体的倾诉和告发变得难以听见，从而使得不少真相都石沉大海。

尸体明明在说"我是被杀死的"，可周围的人却误判道"你是病死的"。这样的情况其实并不少。

照这样下去是不行的。

这也是我写本书的动机所在。

那么该如何诊察尸体呢？

在从事法医工作的那段岁月里，每当验尸时，我都会遵循"8个依据"。

因为这样，就能看懂尸体。

鉴于此，本书或许亦可称为"法医宝典手册"，即"当代仵作宝典"。至于个中内容，我也是首次披露。

"我老公死了，医生说要验尸，这是为什么？"

有时死者家属会提出这样的疑问。

因病就诊，之后死亡。这样的情况被称为内因死（病死），主治医生会开具死亡诊断书。但若死者是基于其他原因而死亡的话，就会统一归为 "非正常死亡"，此时须通知警方。

至于 "非正常死亡" 究竟是自杀、他杀，还是灾害事故致死，则必须依靠警方调查来弄清真相。

此外，即便看起来是属于病死（内因死）的情况，但如果没有医生经手，或死者平时身体健康却突然死亡等等，则皆是带有疑团的死亡，因此亦归于 "非正常死亡"。

可见，所谓验尸，即探明死者真正的死因。若明明是他杀，却被判为自杀，则死者在九泉之下难以瞑目。所以说，正确的验尸，是保护死者人权的行为。

在日本，大约有 15% 的死亡属于 "非正常死亡"。至于谁来通知警方，医生或急救员当然有权，而发现死者的目击证人，以及对死者死因抱有疑问的家属等也完全可以。

警方在接到通知后，便会立即赶往现场，在向近旁的医生确认过死者的死亡情况后，就开始求解"死者是谁""死者是哪里人""死者死因"等问题。

即所谓的"调查"。

与此同时，警方也会委托监察医务院（相当于专门的法医医院），对死者进行医学层面的"验尸"。

但上述法医制度并非日本全国性的制度，这也是导致尸体鉴定失误等问题的诸多原因之一。到目前为止，在日本，唯有五大都市（东京、横滨、名古屋、大阪、神户）设有法医制度。

换言之，在上述五大都市的地域范围内，法医会应要求出动验尸。以东京都为例，法医每天需要验尸约30到40具。其中约三成属于"非刑侦性事件"，但依然需要法医来判断死因，这时进行的解剖工作属于"行政解剖"（译者注：在日本，法医一般只进行"行政解剖"，"司法解剖"通常由大学医学部负责）。但在上述五大都市之外的区域，验尸的基本上都不是专业法医，而是所谓的"警方委托医"，他们通常是在警局附近开诊的临床医生，平时负责警局警员和被拘留人员的健康管理工作。

临床医生的专业是治疗活人，可死人并非其救治对象。哪怕拿听诊器去听死者，也听不到什么心跳和呼吸。这样的医生可以判断一个人是否死亡，但至于死因，就是另一个领域了。由此可见，即便委托临床医生验尸，也不要希望其能得出正确结论。正所谓"术业有专攻"，验尸还是应该让精通观察尸体的法医来做。可在现实中，法医数量却极少。因此很遗憾，从明治时代（译者注：1868年为明治元年）以来，日本警方对死者的调查及验尸手续流程一直如旧，未见改善。

再说回有法医制度的地域，当警方在这些地域发现可疑尸体后，就会叫来法医，进行验尸。

法医来到现场后，一边听取警方对已知情况的讲述，一边脱去死者的衣服，对死者进行观察。

在此过程中，法医能发现什么呢？

经验丰富的渔夫只要遥望海面，就能知道明天有风没风，是晴是雨，其精确度甚至超过气象预报。这便是长年经验使然。

验尸亦是如此，死者面部或苍白，或有赤褐色淤血，或有鼻血流出……这些区别，皆揭示其死法的不同。法医通过这些事实现象，就如倒放影片一般，推理出死者死前的情形。

考古学家通过陶器碎片，便能考证该时代人们的生活方式和场景。与此相同，法医从对尸体的观察结果中，便能推出案件的情况，进而描绘出凶手的特征。

2009 年 9 月，有两件欺诈案被查明，作案人皆为女性，它们分别发生于埼玉县和鸟取县（译者注：日本的"县"相当于中国的"省"）。两案件雷同，都是作案人身边 5 到 6 名男性接连非正常死亡，尸体也都进行了尸检。但只有最后几名死者接受了司法解剖，并在他们的身体中检出了安眠药物。于是作案人因具有杀人嫌疑而被起诉，但案中的大多数死者当初都被断定为自杀或事故致死，且尸体早已被火化。如此事过境迁，即便疑点重重，要举证也极为困难。

可见，包括"验尸"在内的初期调查是多么重要。

有句话叫"死人是不会说话的"。的确，死人不会开口言语。

但只要法医认真验尸和解剖，就会发现，其实死人"能吐露不少信息"。而聆听死者"倾诉"，便是法医的职责所在。

死者何人？死在何处？死因为何？……这些问题起初并不明朗，但随着法医在脑中逐一整理，并按序观察尸体，相关头绪便会逐渐显现。

这便是"8个依据"。

1 "何时"（时间）——死者在何时被杀？

2 "何处"（地点）——死者在何处被害？

3 "何人"（凶手）——死者被何人杀害？

4 "和谁一起"（共犯）——凶手是否有共犯？

5 "为何"（动机）——凶手为何杀害死者？

6 "杀害了谁"（死者）——死者是谁？

7 "怎样杀害"（方法）——死者怎样被杀害？

8 "最后如何"（结果）——最后的结果如何？

在我年幼时，父母经常给我讲睡前故事。故事每次大同小异，开头都是"很久很久以前，在一个地方，住着一个老爷爷和一个老奶奶……"。而我每次听着听着，就舒服地进入了梦乡。

可见，在叙事时，若顺序得当、条理清楚，则不仅言者讲起来轻松，闻者听起来也明了。换言之，上述逻辑原则大可用作说明任何事情或情况的基本手段，同时也是调查案件的合适方法。

这就像说话或写文章时常用的"5W1H"[When（何时）、Where（何地）、Who（何人）、What（何事）、Why（为什么）和How（怎么样）]法则一样，为的是思路清晰、简单明确。

在抵达现场前，法医对情况一无所知。而在到达现场、面对尸体时，法医就必须冷静地在脑中"重组案件的碎片"。而如果遵循上述原则分析思考，面对看似扑朔迷离的案件，也能在一定程度上把握其事实情况。

下面我会按照上述"8个依据"，对尸体进行解说。

鉴于此，本书可谓我"验尸2万多具"的经验总结。

目　录

第 1 章

"何时"(时间)

——死者在何时被杀?

如何推断死亡时间？

设想一下，作为法医的我，面前有一具尸体。

死者究竟是何时死的？

像这样思考"死者死在何时"，便是对死亡时间的推断作业。

这是法医工作的重要一环。

这为什么重要？

死者是上午死的还是下午死的？其结果的差异，有时会关乎嫌犯是否有"不在场证据"，以及各种千丝万缕的相关问题。

2008 年 6 月 8 日，中午 12 时 30 分左右，在东京闹市区，有 7 名路人被杀害，10 名路人受不同程度的外伤。这就是震惊一时的"秋叶原杀人事件"，当时各电视台也做了现场报道。由于该案件拥有大量目击者，因此其发生时间十分明确。

但许多案件的死者的死亡时间并不明确。

比如独居老人好久不见的友人突然登门拜访，结果发现老人已死在家中，且尸体腐坏。到场的法医只能根据尸体推断其死亡时间。

"应该死了两三周了吧。"

法医一边在脑中如此推测，一边听取警方所掌握的信息。从而得知，在大约 3 周前，有人目击"老人拿着便利店的塑料袋在路上步行"，而被目击的老人就是死者的可能性极大。而且死者家中有便利店的塑料袋，袋子里购物小票的打印日也与目击到老人的日子相符。

于是乎，法医基于上述各种信息，判断出"死者的死亡时间是购物小票所示日期的两三天后"。因为综合警方的调查结果和法医对尸体的观察结果，便可得出二者相一致的大致日期。

但要注意的是，按理来说，法医不应依赖于外界情况等信息，而应基于对尸体观察的结果（即尸体的腐坏程度），从而直接推出死者的死亡时间。

可在现实情况中，像这种较为"暧昧"的"综合判断"往往占多数。

在夏季，如果将生鱼放置在厨房，则两天后就会腐烂发臭，无法食用。与之类似，人一旦死亡，其身体也会随着时间的推移而逐渐腐烂。

即便人类的科学技术已经发展到了"宇航员登月后还能重回地球"的程度，法医仍然无法基于事发现场来精确推断死者的死亡时间。

比如，鉴于尸体已开始腐烂，因此推断其"大概已经死了 3 天左右"。可各地气温不同，像东京和札幌，两地气温相差巨大，因此无法得出统一确定的答案。

这种对于"尸体距离死亡时间过了多久"的推断问题，有不少相关的学术研究论文发表，但直至今日，依然没有能够一锤定音的理论成果和学说。

假如能在人体内发现一种化学物质，其不受周围环境变化的影响，而只会随着时间的推移而发生规律性的变化，那么根据尸体精确得知其死亡时间（或距离死亡时间过了多久）就不再困难。可现实情况是，人类依然未能发现这样的物质。

夏季还是冬季，北方还是南方，瘦子还是胖子……

这些差异都会影响尸体腐烂的速度。遗憾的是，对于这速度的计算，目前还没有能够"一套一个准"的数学方程式。

一个人在死后，其尸体具体会发生怎样的变化？

所谓法医学，从某个角度来说，也是详细观察尸体所产生的各种现象的学问。

在推断死者的死亡时间时，负责验尸的医生至少应具备下述六大"预备知识"。该知识并不复杂艰涩，各位读者亦能理解。顺便再强调一下，医学是救人性命的学问，可人一死，其便脱离了普通医生的"服务对象范畴"。可对法医而言，"死"却是一切的起点。

1. 死后体温下降

在推断死亡时间的方法中，精确度相比之下最高的一项，便是"测定尸体体温下降的程度"。

人一死，就不会再发热，因此其 37℃ 左右的体温就会逐渐下降，最终降至与外部气温相同。

法医界的前辈们曾经以 2166 具尸体作为样本，测定他们的直肠温度，并写成研究报告。

报告所记述的研究结果可归纳为：外界气温为 20℃ 时，死者在死后 5 小时内，其尸体体温每小时下降 1℃；之后每小时下降 0.5℃。

换言之，在气温为 20℃ 的初夏，如果死者在深夜 12 时被杀，在次日早晨 7 时被发现，则在清晨 5 时，尸体的温度应为 32℃ （37℃－1℃×5 小时）。而在接下去的 2 小时中，其体温会再下降 1℃ （0.5℃×2 小时），因此尸体温度为 31℃ （32℃－1℃）。

换言之，若在气温为 20℃ 的现场，发现了一具体温为 31℃ 的尸体，且发现时间为早晨 7 时，则可推断其死亡时间为深夜 12 时。

可事情并非如此简单。尸体所处环境、死因、体格等各种因素，都会改变其体温下降的程度。以气温为例，深夜 12 时的气温、半夜 3 时的气温，以及清晨 6 时的气温，显然各不相同。而即便是同一室内，不同场所的气温也有差异。对于这些变量，都必须进行相应的修正调整。而最根本的问题在于，死者生前的体温并不一定是 37℃，也有可能是 35℃之类。

可见，在推断死亡时间时，许多部分都不得不依靠验尸医生自身的学识、经验，或者说"直觉"。

2. 尸体的死斑

人一死，其心跳就会停止，血液循环也会停滞，血压也不再存在，于是血管内的血液就会流向重力的方向。

若死者死后处于背朝下的仰卧位，则其血管内的血液便会朝着重力的方向（即死者的背部毛细血管）积聚。

而人们透过尸体皮肤看到的这种血液积聚现象，就是俗称的"死斑"。

大约死亡 2 小时后，死斑便会逐渐显现，并越来越明显，20 小时左右达到"最浓顶点"，被称为"死斑完全态"。死斑一般呈赤褐色，但如果死者肤色较为黝黑，则呈暗红色。如果是肤色很深的黑人，则死斑就观察不到了。

此外，死于一氧化碳中毒或冻死的人，其尸体的死斑呈鲜红色。

再说回尸体背朝下的仰卧位情况，由于背部上方和臀部承受着死者的体重，血管被压迫，因此血液无法流到相关部位，从而积聚在不承受体重的背部下方。而如果把该尸体在死亡七八小时后翻过来，死斑便会从背后向前方移动，从而出现在背后与前腰部两侧。

而在缢死（上吊死）的情况下，其死斑自然出现在尸体的下半身。由于没有了血压，死者体内的所有血液都会沿着重力方向朝下部积聚。

那么面对下列情况，应作何推理呢？

假设眼前有一具上吊而亡的尸体，于是解开上吊的绳子，将尸体放下，从而进行验尸，结果发现其背后有死斑。正如前述，按理来说，上吊死的尸体的死斑应该出现在尸体的下半身。

由此可推，上述"上吊自杀"很可能是伪装成自杀的他杀。换言之，死者在仰卧的情况下被杀害，然后后背相应出现死斑。而凶手为了制造死者"上吊自杀"的假象，便将死者的脖子用绳子绕住并吊起来。再强调一遍，如果真是上吊自杀，则尸体的死斑不应在背部，而应只出现在下半身。

可见，光是对死斑的颜色、深浅程度和出现部位等进行仔细观察，就能从某种程度上推断死者的死亡时间和死因等。

3. 尸体（死后）硬直的真相

正常的成人在活着时，通常不会尿失禁。这是因为人的自律神经在发挥作用，它能使人在无意识的情况下保持尿道括约肌的紧张状态，从而防止尿液的非主动排出。

可当人死亡或意识昏迷时，自律神经的紧张状态就会解除，使得尿道括约肌、肛门括约肌和瞳孔括约肌麻痹，从而出现瞳孔扩大和大小便失禁等现象。上吊自杀者死时往往大小便失禁，便是基于此。

与此同时，死者的肌肉亦会暂时松弛。而在死亡一两小时后，死斑开始出现，肌肉渐渐变硬，尸体的关节也会僵硬。

这便是所谓的"尸体硬直"。其成因包括肌肉中ATP（三磷酸腺苷）的减少、糖原的减少以及乳酸的增加等。

尸体硬直出现的时间几乎与死斑出现的时间一致。即在死后一两个小时开始出现，大约 5 小时后变得十分明显，大约 20 小时后到达最硬的"顶点"。

尸体所在环境的温度越高，其出现硬直和到达最硬"顶点"的速度也越快。同理，随着蛋白质的分解，其之后缓解直至解除硬直的速度也越快。

法医学的教材中写道，尸体出现硬直的顺序是"由额关节至上肢，再到下肢"，但这样的描述其实是错误的。

那么尸体的硬直究竟始于哪个部位呢？简单来说，是始于"最为疲劳的肌肉部位"。

有这样一个案例，一名在河堤挖蕨菜的老妇，脚下一滑后坠河溺水而亡。在发现其尸体时，其右手还攥着一把蕨菜。这就是肌肉疲劳导致的尸体硬直现象。换言之，老妇生前习惯用右手挖蕨菜，因此其最为疲劳的是右手的肌肉。

死者生前如果进行过剧烈运动，以疲劳状态突然死亡，则尸体会以死亡时的姿势硬直。这被称为"急性尸体硬直"。

将这样的尸体硬直和死斑、直肠温度等现象进行全面观察后，就能推断死者死于几小时前。

4. 尸体何时开始腐烂

倘若发现尸体较晚，则尸体在经历硬直过程后会进入"蛋白分解"阶段，从而开始腐烂，而尸体硬直也随之逐渐消退。

人一死，其肌体的细胞自然也会死亡。最后人体内的酶会开始分解自身。这被称为"自我溶解"。除了酶外，人体内外的细菌也会参与，从而加速分解蛋白质。

人活着时，依靠体内的有机物（包含碳链的有机化合物）维持身体运作，可一旦死亡，这些有机物就会转化为无机物（如钠、钙等）。换言之，尸体最终会变为无机物，化为尘与土。而该变化的开端即腐烂。

5. 青鬼·赤鬼·黑鬼·白鬼

随着腐烂的进展，尸体内会产生以硫化氢和氨为主要成分的腐臭气体。由于血色素（血红蛋白）和硫化氢相结合，形成了硫化血红蛋白，因此尸体全身皮肤呈淡青蓝色，且由于充满腐臭气体而膨胀。

法医界把尸体的这种状态称为"青鬼"。

随着时间推移，尸体又变为赤褐色，且进一步肿胀膨大。在日本民间，人们称这样的尸体为"巨人"。

而法医界把尸体的这种状态称为"赤鬼"。

而后尸体进一步腐烂，就会呈黑色，这就是"黑鬼"状态。接着软组织逐渐溶解，变为黑色液体流出，最终呈现一具白骨。

这便是"白鬼"。

尸体变成上述各种"鬼"所需的时日取决于其所在环境，因此难以一言以蔽之。但一般来说，尸体在夏季腐烂较快。如果有苍蝇等产卵，则大约24小时后卵就会变成蛆，而随着蛆对尸体的大肆侵蚀，有时在短短数日后，尸体可能就会白骨化。

6. 永久尸体（干尸化·尸蜡化）的成因

好几年前，在东京足立区有一位100多岁的老人死去，其尸体被发现时，躯干已干尸化，而头部和面部则是白骨，一时成为坊间话题。为此，日本全国各地的区政府及管辖部门不得不制定相应对策，防止这种高龄空巢老人的"孤独死"不断重演。

那么，上述尸体为何会干尸化呢？

人体死亡后，在进入腐烂阶段前，如果通过干燥蒸发掉其体内水分，尸体就会呈"干物状"，即类似鱿鱼干和沙丁鱼干那样的状态。此时人体会呈淡黄褐色或黑色。

在通风通气、湿度较低的场所（比如沙漠地带等），尸体就容易变成干尸。古埃及的木乃伊便是典型。

此外，与肥胖者相比，纤瘦且营养不良者的尸体更容易干尸化。反过来说，胖干尸在现实中是极少的。

再说尸蜡化，该现象与干尸化相反。尸体长期处于低温高湿度的环境下（比如冷水中等），且缺乏氧气，就会使尸体呈现灰白色蜡状。这便是所谓的尸蜡化。

从原理上来说，这是因为尸体中的脂肪分解为脂肪酸和甘油，而脂肪酸与冷水中的镁、钙、钾等相结合，变成了"不溶性皂质"，最终使尸体尸蜡化。

比如坠入冰冷湖底或在雪山遇难的死者，其尸体就常常会尸蜡化。

一般来说，不管是干尸化还是尸蜡化，都需要 3 个月左右的时间。而日本四季交替，所以尸体在完全干尸化和尸蜡化之前，季节已经变化。

因此在日本，上述情况不少都是"半干尸化"或"半尸蜡化"，即一种"两边不着"的半腐烂状态。

比如前面提到的足立区老人尸体，在被发现时，其头部和面部已白骨化，胴体则干尸化。鉴于此，该老人应该是死于寒冬，由于气温较低，尸体在进入腐烂阶段前，其体内水分已蒸发，从而进入干尸化阶段。可由于日本四季交替，因此尸体来不及完全成为干尸，导致其部分（该事例是头部和面部）腐烂溶解，最终白骨化。这便是基于该尸体的推测结论。

但无论如何，尸体的干尸化或尸蜡化一旦完成，就不会再有进一步的变化。基于此，我们法医界称之为"永久尸体"。

警察与法医的分歧

面对眼前的尸体，思考其究竟"何时"死亡。

正如前述，法医在验尸时，会仔细观察死者身体的死后变化，并与警方的调查结果相结合，从而推断出死者的死亡时间。

可法医在验尸时，在场的警察会问的头一个问题往往是"死者的死因是什么？"。

这其实也可以理解——如果死者是病死则罢了，可一旦有刑事案件的嫌疑，警方就必须紧急应对。

而第二个问题往往才是"死亡时间"。因为警方通过调查，已经对死者的死亡时间有了一定程度的结论。而法医则是通过验尸结果来推断死亡时间。

至于具体推断的方式，则如前述，法医凭借的是六大"预备知识"。但我要反复强调的是，案件何时发生、死者何时死亡……相关的推断作业是相当艰难复杂的。因此，对于死者死亡时间的推断，有时有很大的"个人因素"，即不同的尸体鉴定医生所得出的结论可能相差很大。

不仅如此，警察调查所得的死亡时间与法医鉴定所得的死亡时间，如果二者相一致也就罢了，可在现实中，有时二者并不一致。

有这么一个案例。

有一对父子，二人各自居住。一天早上，由于父亲迟迟不到公司上班，儿子感到不安，便前往父亲住处看望，结果发现父亲已上吊自杀。父子两人共同经营一家公司，但经营持续赤字，再加上平日健康状况不佳，使父亲感到走投无路。

自杀的父亲还留了悲叹前途无望的遗书。

可儿子在看了遗书后，立即将遗书烧毁处理。因为他父亲生前买了高额的生命保险，而自杀是得不到赔付的。于是他心生一计，将父亲的死亡情况和现场伪装成被强盗袭击致死的模样。

他把衣橱和抽屉都打开，将里面的东西散乱地丢在室内各处，并将父亲脖子上的绳子再绕好，然后将父亲的尸体摆放在客厅地上，制造父亲是被勒死的假象。这一切"作业"完成后，已经是上午 10点左右。

儿子报警是在他发现父亲尸体的数小时后。当警察问道"为何这么迟才报警"时，儿子答道："（自己）面对父亲突如其来的死亡而备受打击，因此蒙了好久才想起报警。"

儿子还对警察说，昨晚自己和父亲讨论工作事项到很晚，二人分别是晚上 11 时左右，因此案发时间应该在那之后。

法医在验尸时，先是松开了绕在死者颈部的绳子，结果发现其后颈部有朝两耳后上方延展的索状勒痕。这是上吊自杀者特有的索沟。可如果按照死者儿子的证词，其父亲是被人勒死的，则索沟应该像"系领带"那样，绕死者脖子一周才对。

而且死者后背并无死斑，死斑都集中在死者下半身。这是由于上吊自杀者长时间保持"站姿",使血液积聚于下半身,产生死斑。

此外,死者沿着右裤腿有尿失禁的痕迹。假如是被人勒死,则死者倒下的地面和其内裤的臀部附近位置才应该有尿湿的痕迹。

鉴于上述验尸结果,唯一可能的判断是——死者是上吊自杀。

再加上死斑的程度和尸体的硬直情况,以及死者的直肠温度,都推断出死者的死亡时间为昨晚8点左右。这也与死者儿子所供述的"昨晚11点之后"相矛盾。

基于上述法医的验尸结论,警方对死者儿子提出严肃质疑。

结果其承认,自己为了骗保,所以如此伪装。

而正因为对死者死亡时间的正确推断,才能让这样的伪装手段无所遁形。

死者死在何时?

案件何时发生?

可见"时间"是破案的关键。

下面以具体案件为例，进一步说明"死亡时间"对死者的意义。

案例1：人死后还会长胡子和指甲吗？

一位老人因病住院数周后病故。由于其死时胡子和指甲都比较长，因此子女便将其胡子剃好，指甲剪短，然后入殓。

数日后，在去火葬场之前，子女家属们为了见老人最后一面，便打开棺盖，结果大吃一惊。

棺内老人的胡子和指甲又长长了。

于是有家属大叫："老人复活了！"闹出一场风波。

虽然看起来似乎是尸体在长胡子和指甲，但其实不然。这只是尸体干燥导致的现象而已。

在死者死后数小时内，皮肤细胞依然还存活着。说到这样，"尸体长胡子和指甲"似乎也说得通了。可事实上，细胞的养分要依靠人体血管中红细胞的氧搬运供给。然而人一旦死亡，其关键的血液循环也戛然而止，从而导致细胞无法再分裂增加。所以说，人死后，其胡子和指甲是不会再长的。

那么问题来了，为什么看起来就像长了一样呢？是死者家属的错觉吗？其实亦不然。由于死者胡子和指甲周围的皮肤在死后开始干燥而凹陷，因此胡子和指甲看起来就相对地"长长了"。有些民间传说还说尸体的头发会长长，其实也是相同的原理。

总之，死者死后胡子和指甲并非真的会长长，也不是说死者就复活了，因此并不影响其死亡时间的推断。

案例 2：死斑知道真相

有点感冒症状的老妇突然死亡，由于生前没去医院就诊，因此归为非正常死亡，于是法医赶往现场验尸。

法医发现死者睡在被褥里，脖子上绕着一条毛巾。老妇的儿子和儿媳解释道，这是因为死者前几天起有点感冒，且嗓子疼，所以才如此处理。

脱去死者衣服进行验尸后，法医发现，死者后背并无死斑，而下半身却有深赤紫色的死斑。

假如真如死者儿子和儿媳所说，死者是死于感冒的重症恶化，则背后就应该有死斑。

法医又解下了死者脖子上的毛巾，发现其颈部有缢死（上吊死）才会有的索状勒痕。

基于上述现象，法医马上就得出结论——死者是上吊自杀。

可死者儿子和儿媳依然主张："今早发现她死在被褥里，所以是病死无疑。"

"那么我们只好通过解剖来查明死因了。"

法医这么一说，沉默了片刻的死者儿子开口道："其实……"

死者儿子发现死者时，死者已经用自己的裤腰带挂在门楣上上吊死了。其自杀动机是婆媳关系不和等家庭内的矛盾。可这事要是传出去，不但极不光彩，而且会被人议论，于是在思考半日后，决定把死者放下来，让其躺在被褥里，并在其脖子上绕上毛巾，从而制造其病死的假象，然后再报的警。

可正如前述，假如死者真是仰卧在被褥中死亡的话，其背部肯定有死斑，而不会像这样出现"死斑聚集在下半身"的情况。

换言之，是死斑道破了真相，拆穿了伪装。可见，死斑不但会告知死者的死亡时间，还会道出死者的死因。

由于并非刑事案件，因此死者儿子和儿媳并未被问罪，只是受到了警方的严正警告，而验尸工作也在不用解剖的情况下便告终了。

案例3：弁庆立往生

关于死者有别于常态的死状，有个故事对日本人而言耳熟能详。

一次战争中，日军某喇叭兵在部队突击时吹起突击曲，结果被子弹击中而死亡。据说，他在倒下后，喇叭并没有离口，仍保持着吹奏的姿势。

当我还是小学一年级学生时，便听老师讲述了这段故事，而我后来长大成人，进入医学部学习后，我方才明白他有别于常态的死状，只是单纯的急性尸体硬直而已。

由于其生前全身疲劳，因此死后很快便出现了尸体硬直现象。

此外，另一个日本人耳熟能详的故事是"弁庆立往生"。在衣川合战中，弁庆为了保护其主公源义经，屹立于敌人面前，浑身中箭，站着死亡，从而为源义经的撤退争取了时间。

换言之，弁庆在中箭后，是以站立的姿态死亡的。他的这份忠义，至今为人传颂。但这其实也是急性尸体硬直而已。

所以说，一旦拥有了法医学的知识，对于各种英雄故事和传说，也只会以"化学现象"的冰冷视角去看待，可谓少了些许情趣。

案例 4：谁先死亡？

隔壁失火，导致一户人家被殃及，一家三口全部遇难。

火灾时，丈夫和孩子熟睡在二楼卧室，惊觉火灾时为时已晚，因此被烧死。而妻子则冒着呛人的浓烟，试图开门逃生，但因吸入烟雾过多而倒在门厅处死亡。由于消防员的救火作业，大火并未燃至门厅处，因此妻子的尸体并未被火烧焦。

验尸结果是，丈夫和孩子的死因是烧死，而妻子则是由于吸入大量烟雾而导致一氧化碳中毒而死。且妻子的死亡时间要比丈夫和孩子晚 10 分钟左右。

而这样的死亡时间差异，则成了后来的矛盾源头。

由于验尸医生断定丈夫和孩子要比妻子早死 10 分钟左右，因此与丈夫和孩子相关的生命保险、火灾保险等险种赔付金以及房产等财产支配权和所有权都会先归入妻子名下。而因为妻子在 10 分钟后也死亡，相关财产便由妻子的亲兄弟姐妹继承。

该夫妻才结婚 3 年，而随着这场事故，男方的大部分财产就都归了女方。

明明自己也是失去家人的受害方，却还要如此"雪上加霜"，这份无法遏制的不满，让男方家属决定上诉。而该诉讼便围绕着死者的死亡时间展开。

像这样的诉讼并不少见。

可见，一旦涉及遗产继承等法律问题，死者的死亡时间就显得至关重要。

如今，对于这种"受害家属死亡时间相差不大"的案例，日本国内也有了"不计较死亡时间先后，财产分割按照'同时死亡'处理而均分"的判例。从那之后，上述矛盾争议逐渐减少了。

案例 5：死亡时间能改动吗？

以前，日本有不少保险公司规定，若投保人在投保 1 年后自杀，则答应全额赔付。这导致当时有人试图钻这个空子，即以"投保后自杀"的方式，获得赔付。

可在现实中，真正想自杀轻生的人，根本等不了这么久。他们即便投保，一般也在投保后两三个月就自杀了。

这也是保险公司敢于制定上述规则的原因。换言之，保险公司"早已看穿了一切"，愿意与自杀者"对赌"。

在这样的时代背景下，我曾负责鉴定一具上吊自杀老人的尸体。当时，在完成工作后，我便写起了验尸结果报告。

此时，身旁的死者儿子求我道："您能否将死亡时间推迟一天？"其理由如下。

老人1年前受到保险业务员的推销鼓动，投了保交了钱。而老人自以为投保日就是保险生效日，于是等了1年，然后自杀。

可保单上的生效期却是投保日的次日。因为当时业务员第二天才回到公司办理手续、制作保单，所以等于晚了一天。

结果导致老人在"投保未满1年"的情况下自杀了。

虽然这听起来的确挺可怜的，但我若修改死者的死亡日期，则等于犯了"诊断书造假罪"和"协助骗取保险金罪"。于是我劝他打消这个念头，因为"（造假的话）两个人都犯法"，他最终也表示理解。但回想起来，如此真实的故事实在让人难以一笑置之。

可之后，投保后第 13 个月自杀的人开始激增。或许是基于该原因，保险公司也修改了约定条款，规定投保人在投保后 3 年内自杀的话，则不予赔付。

投保人和保险公司，二者围绕利益，上演了"道高一尺魔高一丈"的"攻防战"。而这也反映了人类社会的"暗面"。

案例 6：壁橱的上下

案件发生在盛夏。一对老夫妇被勒死，二人的尸体分别在壁橱的上下层被发现。

上层的老翁的尸体已严重腐烂，到了"赤鬼"状态；而下层的老妇的尸体还只是"青鬼"状态，即才刚开始腐烂。

基于该腐烂状态，我判断"老翁死于 3 日前，老妇死于 1 日前"。

换言之，二人的死亡时间相差 2 天。

数日后，二人的高中生孙子被其父母领着，来到警局自首。可根据他的供述，二人几乎是同时被害。

3 天前，该孙子来到祖父母家讨要零花钱，却被祖父母严厉训斥和说教。怒上心头的孙子在 10 分钟内先后勒死了祖父母，并将尸体分别藏到壁橱上下层，然后拿走了家中的钱，在外面玩乐了整整 3 天。

既然真相如此，那两人的尸体腐烂程度为何会出现这样的差异呢？

起初我对孙子的供述抱有怀疑，但在仔细思考后，发现其并未撒谎。

壁橱上层内的空气较热，而下层内的空气较凉。

整整 3 天，暴露在暖空气中的老翁的尸体腐烂得较快；而处于冷空气中的老妇的尸体则腐烂得较慢。

只是些许的环境差异，就会导致如此的腐烂程度之差。

案例 7："冬季泡澡"的假象

一名独居的老妇死亡。被发现时，死者泡在自家浴缸里。

老妇是订牛奶的，而从 3 天前起，她订的奶就放在家门口原封不动。邻居觉得蹊跷，于是毅然撬开门进去，结果发现她死了。

时值寒冬。

乍一看似乎是泡澡时的突发性病死，但还是走了行政解剖的流程。

可我在验尸和解剖过程中，发现了诸多疑点。

一般来说，如果死者已经在浴缸里泡了 3 天，则位于水中的部位会呈淡淡的赤褐色，而未浸水部位的皮肤会变得苍白，且二者境界较为分明。可该尸体身上却无此现象。

死者明明已经死了 3 天，可尸体却意外地"新鲜",似乎只死了半天左右。且尸温为6℃,与水温相同。

我心怀疑问,继续解剖工作,结果又发现死者的心脏和大脑都未有能造成死亡的病变。其颈部虽然未见异常,但尸体有窒息死的迹象,而其肺并非吸入水分的"溺死肺",即不是溺水致死。

鉴于此,就不能排除"口鼻闭塞窒息致死"的可能性。于是我通知了警方,请警方予以详细调查。

5天后,警察向我告知了调查结果,还对我表示感谢。

凶手是老妇的孙子。

3天前,孙子来到老妇家要钱,却被其拒绝。于是他恶念一起,用坐垫压住老妇面部,将其活活闷死。之后为了制造老妇泡澡时急病致死的假象,便脱光她的衣服,将她放入空浴缸内,然后开龙头放水。

由于浴缸内放的是冰冷的自来水,因此老妇的尸体并未腐烂,从而导致我在推断死亡时间时产生了疑惑。可凶手并无相关知识，只是一心想掩盖自己杀人的真相而已。

然而尸体不正常的腐烂状况，恰恰戳穿了凶手的伪装。

案例8：被害的儿童指证了凶手

1963年，有一名儿童被绑架。

凶手当时对儿童的父母威胁道："给钱我就放人，你们如果报警，孩子就没命。"但父母还是报了警，并配合警方行动。

可最后凶手拿走了赎金扬长而去，孩子也没回来。换言之，当时警方的行动以失败告终。

唯一让人欣慰的是，2年后，凶手终于被缉拿归案。

据凶手供述，他在实施绑架后，由于该儿童大声哭叫，因此他勒死了儿童，并将其藏到了附近寺院的墓地里。

于是警方前往该墓地，打开坟盖，里面确有一具小孩子的尸体，但其已成白骨，无法辨认身份。

但仔细一看，发现白骨的口中有植物发芽，芽有 10 厘米左右高，是女贞的芽。凶手在杀害儿童后将其藏至墓中时，恰好有一颗女贞的种子掉入其口中。而在 2 年后，便有了"从死者口中发芽"的一幕。

女贞这种植物从种子状态到发芽，刚好需要 2 年左右的时间，这是其特征之一。

换言之，凶手的供述通过该植物得到了证实。该案例实属罕见，且也体现了"法医学是包罗万象的杂学"。

死亡时间的出入

到此可见，"死者的死亡时间"是极为重要的破案线索。

可要明确死亡时间并不容易。

如果尸体还"新鲜"，尚未腐烂，则可以测定其直肠温度，并与其生前体温（通常设定为 37℃）比对，从而推算出死亡时间。此外，通过观察死斑或尸体硬直程度等，也能对死亡时间予以一定程度的推测。

如果尸体已然开始腐烂，则根据各种相关因素（是否已出现腐臭气体、尸体上苍蝇或蛆虫的状态、尸体是"青鬼"还是"赤鬼"等等），结合气温和尸体所在环境，亦能对死亡时间进行推断。

但要注意的是，由于不存在明确的判断基准，因此只能依靠验尸者的知识和经验。

再举个我参与验尸的具体例子，这是一桩"共同自杀"的案子。

一对年轻男女死在一套被褥里。

尸体已开始腐烂。时间刚刚入秋。

枕边留有遗书，上面写道"我们喝氰化钾共赴黄泉"。

检验现场饮毒用的杯子和二人口唇处的化学成分，皆测出了氰化钾，这与遗书内容一致。

　　此外还有一点佐证了遗书内容。一般来说，尸体一旦腐烂，苍蝇就会成群飞来，在尸体口内和鼻腔内产卵，卵在 24 小时左右后便会孵出蛆虫，进而蚕食尸体。可这两具腐烂的尸体既无苍蝇亦无蛆虫。

　　我当时仔细一看，发现室内有几只死苍蝇。

　　这让我恍然大悟——尸体开始腐烂时，苍蝇的确飞了过来，且舔吸了死者的嘴角流出的唾液，可由于死者喝过剧毒氰化钾，所以苍蝇也被毒死了。

　　于是在完成验尸后，我便照例写起了验尸结果报告，可在场的警官却打断了我的作业，叫我"等一下"。

　　"您看，两具尸体的腐烂程度明显不同啊。"

　　的确，男尸已是"青鬼"状态，腐烂程度较高，像死了 3 天的尸体；可女尸的尸体硬直状态才刚开始缓解，即还未开始腐烂，像死了 1 天的尸体。鉴于这种腐烂程度的较大差异，唯一的推论是"遗书有假"。警察的推理如此一针见血，这让我当时也吃了一惊。

换言之，那位警官怀疑女方可能先杀了男方，然后出逃了两三天，最后觉得无处可逃，于是回到作案现场自杀，从而制造出与男方一同自杀的假象。

总之，通过两具尸体腐烂程度的差异，其认为女方死在男方之后。

在调查和验尸时，警察和法医能这样在现场展开讨论、各抒己见，其实是十分理想、值得提倡的。可在现实中，这样的情况并不多。

话说回来，虽然我觉得那位警官的主张亦有道理，但作为法医，并不会因此就轻率地推翻自己的观点——"哦哦，也是呢，那我就修改一下报告哈，二人并非一起自杀的……"我是不会这么做的。

我当时以前述的案例 6 为例，向其阐述了自己的观点。

此处再啰唆地重述一下，一个夏天，两具被勒死的老人尸体分别在壁橱的上下层被发现。上层的老翁尸体腐烂严重，像是死了 3 天的样子；下层的老妇尸体腐烂较轻，像是死了 1 天的样子。

但根据之后自首的孙子的供述，他在短短十几分钟内便勒死了这两位老人。可由于壁橱上层空气较热，下层空气较凉，因此造成了二者腐烂程度的差异。

正因为如此，二人明明几乎同时被杀，但在案发 3 天后被发现的两具尸体的腐烂程度却不同。

我当时一边把自己的上述经验之谈讲给那位警官听，一边再次仔细调查现场。

二人并排死在同一套被褥里，被褥铺在 4 张半榻榻米大小的房间内，被子盖在男方身上，女方身上没盖到。此外，房间窗户朝西，每天夕阳的光热都照在男方身上，女方则因墙壁的遮挡而未被照到。

是否被太阳照到，是否盖着被子，这似乎是细微的差别，但只要持续个五六天，即便二者同时死亡，出现上述腐烂程度的差异亦不奇怪。

听了我的这番说明后，那位警官表示认同——"既然您这样专业的法医这么说了，那我没有异议。"

于是乎，该案件便定性为"氰化钾共同自杀"。

像这样，光是推断"死亡时间"这一项，验尸者就需要相应的法医学知识和经验储备，且不仅是单纯推测，而必须使结论具备合理性，让旁人信服。

第 2 章

"何处"（地点）

——死者在何处被害？

在何处被害？

死者在何处被害？

如何确定其被害的"地点"？

对法医而言，这当然也是验尸时要找寻的答案之一。

案发现场与尸体被发现的现场，二者重合的情况较多，但也并非皆如此。

尤其是溺死者，二者大都不重合。因为随着水流作用，死者往往会漂到距离案发现场较远的地方。

而对于案发现场的推断，对破案起着相当大的作用。

死者死在何处？一旦确定了这点，就容易判明死者身份，且往往有助于查出凶手。

但仅仅通过验尸，就真能推断出死者死在哪里（在何处被害）吗？

对此，我经手的一个案件十分具有代表性。

一具年轻女尸被发现于一处山林的灌木丛中。女尸的衣服没有被扯坏弄乱的迹象，但一只脚上没有穿鞋，仅有袜子。观察发现，袜子上没有泥土的脏污，但粘着十几根黑色短发。

在还未判明死者身份的情况下，我建议警方先以周边的理发店为核心，展开搜查行动。

因为在那个年代，成年男性一般喜欢剃板寸头，所以理发店的地上往往散落着男人的短发。而被害人的袜子上就粘着这样的短发。

于是我推断，其中或许有什么关联。

结果我的预想没错，两天后，一家理发店的店主被逮捕。

据该店主供述，被害人是他的熟人，他在休息日将她带到店内，欲施加暴行，结果她大喊救命，他急忙捂住她的嘴，致其死亡。然后他把被害人的尸体装到车里，开车到距案发现场数公里的山中，将尸体丢弃。

理发店里散落的短发锁定了案发现场，为破案立了功。

再说说溺死的情况，比如东京湾出现浮尸时，死者究竟是死在海里？还是死在河里后漂到了海里？这都是必须确认的问题。

海水咸，盐分浓度高，因此在解剖尸体后，如果其血液盐分浓度较高，则证明其死在海里；如果其血液盐分浓度不高，则证明其死在江河。可东京湾较为复杂，流入其入海口的河流有多摩川、隅田川、江户川等多条河流。要想确认死者究竟死在哪条河里，则还需将其吸入体内的浮游生物与各河流的浮游生物群进行比对。

再讲一个事件。一位老妇因交通事故被送到医院，可没多久后就死亡了。院方将其作为非正常死亡案例处理并上报，于是我前去验尸。

我在询问情况后得知，家属并未将交通事故告知交警，而仅仅将意识不清的老妇送到医院了事。

我验尸后发现，尸体头部有挫伤，出血量相当大，且肋骨和手脚都有骨折，但身上却无擦伤。一般来说，如果行人被车撞了，其不但往往会骨折，而且在被撞飞后会与路面发生磕碰和摩擦，因此势必伴有擦伤。

而根据上述尸体的验尸结果，我很难认为其死于交通事故。

于是我对家属说"希望看看事故现场"，结果他们带我到一处路边，漠然地指着路面说"就是这块地方"。可那地方的路面既无刹车印，也没有血迹。

"奇怪，怎么看都不像是交通事故。"

我当时如此心想。可假如真是交通事故，那就属于肇事逃逸，就必须进行尸体解剖，而警察也会出动追查肇事逃逸者。换言之，警察总部的"交通事故搜查班"会迅速布下搜查网，视其为与凶案等同的恶性案件。

我如此说明后，家属立刻坦白道："非常抱歉，其实家母是跳楼自杀。"

果不其然。所谓"交通事故现场"无刹车印又无血迹，这印证了我验尸时的怀疑。

家属撒谎的理由也很平常——如果老母亲自杀的消息传出去，则儿子和儿媳就会被贴上"对老人不孝"的标签，从而遭到亲戚和世人的白眼。

总之，"死者死在哪里"是个大问题。

确定死亡地点至关重要。

就像"印章"和"印鉴"必须一致一样，死者的死亡状况和验尸结果也必须一致。倘若不一致，则不是目击者做伪证，就是调查不到位，还可能是验尸者分析有误。

而"案发地点"作为死亡状况的一环，自然也应与验尸结果相符。而能否"发现个中矛盾"非常重要。有时这样的发现，能使案件瞬间迎刃而解。

对于"死者在何处被害"的问题，有一些案件触发了我的深思，现介绍如下。

案例1：女孩在何处溺亡?

有一个案件，对于"死者在何处溺亡"的问题，有很大的启发性。

2006 年 4 月，秋田县一名小学 4 年级女生的尸体，因融雪致水流量增大被冲至河流浅滩处被发现。死者衣着完整，亦无外伤。解剖后，判明其死因为溺死。

该女孩的母亲年纪尚轻，在女孩尸体被发现前，母亲曾四处找寻。不幸的是，当女孩在离自己家 7 公里左右的河流下游被发现时，已经是一具死尸了。她家附近的河滩边留有她堆的小石子，证明她在那里玩耍过。鉴于此，她不慎滑入河里的可能性较高，因此警方起初将该案件定性为事故。

当时有电视台做了相关的专题报道，而我作为"专家嘉宾"，也与报道组一同前往事发现场察看。结果我发现，现场的河滩较为平坦，没有会让人滑倒跌落的地方。而更让我觉得不可思议的，是以下几点。

如果女孩真是因为掉落河里而溺亡，那么她在坠河后便会将河水吸入肺中，从而导致肺里的空气被挤出，使肺丧失原本作为"浮球"的作用，从而使她沉入河里，最终死亡。而如果尸体像这样在丰水期的河里被冲来冲去，则身上的衣服和鞋子都会被冲走，故被发现的尸体应一丝不挂才对。

此外，由于尸体被冲到了较远的下游，因此河底的岩石等应该会不断磕碰到尸体的前额、手足和膝盖等部位，因此被发现的尸体的相应部位应该有皮肤和肌肉组织的缺损，甚至露出骨头，即所谓的"死后损伤"。

可现实又如何呢？女孩衣着完整，连脚上的鞋都没掉，身上也无外伤。怎么看都不像是漂了 7 公里的尸体。

鉴于此，我当时的意见是"尸体很可能就溺死在被发现地点的近处"。

数月后，终于真相大白——是女孩的母亲亲手把自己女儿从桥上推下去的，而那桥在距离女孩尸体被发现地 4 公里的上游。

凶手的虚假供述起初把警察折腾得团团转，但终究纸包不住火——警方最后发现，这是一起"母杀女"的刑事案件。

可 4 公里也是相当长的距离，这样从上游冲到下游，尸体却衣着完整，鞋子也在，着实奇怪。因此我至今依然认为"尸体很可能就溺死在被发现地点的近处"。

此外还有一种可能，那就是女孩坠河后，其气管吸入少量融雪的冰冷河水，导致"冷水休克"，因此肺部没有进一步吸入河水，导致尸体未沉下，而是一直漂浮在河面，因此其衣着完整，鞋子未掉。

通过电视台对事发地区的多方采访得知，作为凶手的母亲有个情夫，每次情夫来访时，她就把女儿赶到室外去，即便在寒冷的冬天亦是如此。且母亲很少让她洗澡，也几乎不给她换衣服，就连一日三餐都不能保证。换言之，女孩的生活状态绝对谈不上幸福，她的母亲也绝对算不上是个好妈妈。

可即便如此，女孩生前有一次去便利店买杯面时，店员赠她一颗糖，她对店员说："能再给我一颗吗？是给我妈妈的。"

不管母亲如何虐待自己，她离开母亲都没法活。看似天真无邪的孩子，内心却有如此的无奈和凄凉。我原以为，但凡身为人母者，对此至少会有所触动……

案例 2：东京湾的尸体来自何处？

一具中年女尸漂到了东京湾的浅滩。

尸体衣着完整，没有腐烂，也未见显著外伤。

死者因肺部在溺水后吸入水而下沉并死亡，由于水压作用，其体表血管受到压迫，再加上尸体在漂流过程中不断打转，导致体位不定，因此其血液不会积聚于某处，故尸体无死斑现象。

由于死者身份不明，溺亡原因不明，因此对其进行行政解剖。

此外，为了排除"醉酒后溺水"或"毒杀后抛尸水中"等可能性，还对尸体进行了酒精和毒药成分检测。

而且正如前述，还必须判明尸体究竟是"溺亡于东京湾（海水）"还是"溺亡于河（淡水）后漂流到东京湾"。人体的盐分浓度（血液、汗液和泪水皆相同）为 0.85%，属于"稍咸"；海水的盐分浓度则高达 3% 到 5%，属于"极咸"；江河水则不含盐分。鉴于此，溺亡于海中的尸体，其血液中盐分浓度会高于正常值；而溺亡于江河的尸体，其血液中盐分浓度会低于正常值。

　　而对上述女尸验尸后发现，其血液中盐分浓度较低，因此可判断其溺亡于河中。

　　流入东京湾的河流较多，包括隅田川、荒川、江户川、多摩川等大河。警方联系各河川沿岸的辖区警察，拜托他们调查辖区内的失踪人口报案记录，结果发现有一条关于失踪主妇的报案记录与之吻合。

　　于是警方请作为报案者的主妇丈夫前去确认尸体，结果丈夫认定其确是自己的妻子。

　　在听取丈夫的情况说明后，警方得知了事件原委。他们夫妻吵架时，妻子甩下一句话"我死给你看！"然后就离家而去。丈夫心想"她不会（真自杀）吧"，可结果妻子真的就从家后院路边的堤岸上投水自杀，堤岸上有她生前穿着的凉鞋。

死者是溺死在海里还是河里？

由于通过尸体解剖，搞清了该问题。才能查明死者身份，从而使真相较快水落石出。

案例 3：跌落在两栋大楼之间的尸体真是死于坠楼吗？

两栋大楼之间夹着一条狭长的过道，勉强能让一个人通过。可就在这狭窄的空间内，发现了一具躺着的男尸。

根据现场情况，警方初步判定其从 7 层楼上坠亡，接着进入验尸流程。

可我在进行验尸时，发现其应该是死在其他地方。

死者为 50 岁左右的中年男性，但一开始并未查明其身份。

观察其尸体后，发现其左前额、左脸有擦伤和挫伤，鼻子出血。此外，其左小腿部中央有拳头大小的皮下出血创面，且左小腿骨折；左大腿部上方外侧面有手掌大小的皮下出血创面；头部右侧有核桃大小的挫伤及出血创面，头盖骨骨折，右耳孔有血流出；两只手的手背皆有鸡蛋大小的擦伤和挫伤创面。

头盖骨骨折和脑挫伤的确是导致该死者死亡的致命伤，但其身上的其他一些外伤却不符合跳楼自杀的坠落外伤特征。

比如，真正坠亡的死者，其身上的坠落外伤往往集中于一侧，可上述死者的左脸和头部右侧都有伤。

有一种可能是"死者在坠落过程中与建筑物表面发生碰撞，从而导致体位变化"，可通过对现场的观察，发现建筑外墙并没有会磕碰到死者的突出物。

于是再仔细观察死者的衣物，发现其深藏青色裤子的左腰下部附着了些许白色涂料痕迹。

"搞不好是交通事故。"

基于该推测，我重新观察尸体，并对结果进行整理后，得出如下推论。

死者生前小跑着穿过马路，被左侧来车撞飞。先是其左小腿正中与汽车保险杠相撞，因此造成骨折，法医界称其为"保险杠骨折"。

而其左腰部又与汽车引擎盖的一角相撞，造成皮下出血，而引擎盖的相应部位也必然有凹痕。

接着死者又由于碰撞力的作用而滚到了引擎盖上方，其左前额和左脸顺势与汽车的前挡风玻璃发生剧烈碰撞，挡风玻璃也开裂。

此时驾驶员急刹，汽车紧急制动停止，伴随着车胎的啸叫，路面留下了较深的轮胎刹车印。同时由于惯性作用，死者从引擎盖上被抛出，头部右侧狠狠地撞到了水泥路面，造成了使其致命的头盖骨骨折及脑损伤。

换言之，死者身体左侧与车直接碰撞，造成碰撞外伤；接着被甩至反方向（右侧），造成头部外伤。这是交通事故的特征。

　　假如外伤都集中于左侧，那还有坠亡的可能，但左右两侧皆有伤，则可推断为交通事故。再加上"保险杠骨折"等与坠落风马牛不相及的外伤……总之，可以推翻"死者坠亡"的疑点太多。

　　我对在场的警官说明了上述情况后，其表示接受和支持，于是警方将该案件的性质由"跳楼自杀"改为"肇事逃逸"，并沿着该方向展开调查。

　　《跳楼自杀？还是凶手对交通肇事逃逸的掩盖？》，媒体以上述类似标题，对该案件大肆报道。在这样的曝光度下，短短数日后，就有目击者主动出来举报。

　　目击者是一名在校学生，据其陈述，案发时正值深夜，在伏案学习时，其突然听到刺耳的刹车声和很响的撞击声，于是从其所在的二楼房间窗户向下张望，结果看到两个男人正跑向倒在地上的人，然后二人将倒地者搬到了他们的白色汽车上。目击者心想"他们应该是要把倒地者送往医院"，所以也没多想什么，就这样睡下了。

据目击者说，由于交通事故现场与死者被发现的楼宇区相隔数公里，因此其根本没想到两个事件会有关联，所以也就没及时报警。

于是警方全力调查，终于在数周后抓获了肇事嫌犯。

据嫌犯供述，起初的确打算把死者送往医院，可半路上发现他已经死亡，于是害怕起来，最后决定抛尸到不太有人经过的两栋大楼之间的狭长过道。不过他们并没有把交通肇事致死完美伪装成跳楼自杀的本事。

通过对尸体的仔细查验，便能得知这具躺在两栋大楼之间的尸体并非坠亡于此，而是在其他地方遭遇交通事故而死，而肇事人为了隐瞒真相，便制造了这出"异地抛尸"的恶性案件。

换言之，通过验尸，弄清了"尸体发现地点并非事发地点"的真相，从而取得了破案的关键线索。

案例4：串联起事发地点与死亡地点的头部外伤

　　一名上班族男子在下班后与同事在新宿的小酒馆喝酒。晚间9时许，他喝至微醺，与同事离开酒馆。由于是繁华闹市区，因此路上依然行人如织，而男子脚步稍有不稳，结果撞到了擦肩而过的一名年轻小伙。

　　"走路长点儿眼啊！"小伙子吼了一句，并狠狠地把他推开，男子一个趔趄，头重重地撞到了路面。

　　"痛死我了！"男子捂着头起身。此时其同事也赶了过来，一边问"你没事儿吧"，一边去扶他。而推他的小伙子早已消失在人群之中。

　　之后他就像"啥事儿都没有"那样，与同事告别，独自踏上回家的路。他上了电车，坐了五六十分钟，然后在自己家附近的一处郊外车站下车。虽然人下车后走路晃晃悠悠，但由于是自己几乎每天走的熟路，因此还是顺利到了家。

　　"你今天喝得好醉，我被子都给你铺好了，你马上睡吧。"

他妻子如此说道，于是男子便睡下了。

第二天早晨 6 点多，到了平时该起床的时间，可男子依然没起来。

于是妻子去叫醒他，结果发现他在打鼾，妻子试图摇醒他，可他没有反应。

到了将近 7 点时，妻子觉得情况不妙，便叫了救护车。男子被送到医院时，已意识不清，在接受了大约 1 小时的治疗后，最终死亡。

由于男子患有高血压，日常就在服药，因此医生判断其死因为"病理性脑出血"。

换言之，这是一桩看似普通的病死事件，但事发地属于东京 23 区内。该区域内规定，像这种"送医院不久后死亡"的情况，依然归为"非正常死亡"，所以需要法医进行验尸。

从表面上看，死者似乎是死于"病理性脑出血"，但在解剖后，我发现脑出血的原因并非疾病，而是头部外伤导致的硬脑膜下出血。

回顾自己的尸体解剖经验，其实上述情况并不少见，于是可将上述男子的死亡经过重现如下。

男子被推后在路上摔倒，后头部与路面磕碰。一开始伤处会起包并感到疼痛，之后痛感逐渐消失。在开始的一两小时内，男子意识依旧清晰正常，因此能够自行回家。换言之，起初的两小时几乎无症状，所以男子即便在新宿受了伤，也能自己回到位于郊外的家中。

可他头部与路面磕碰时，其头盖骨出现了"龟裂性骨折"，而保护其脑外侧的硬脑膜也发生了"膜下出血"现象。

距磕碰2小时后，其硬脑膜下出血的出血量达到50毫升，这样的血量已足以压迫脑部，于是他开始出现"步履蹒跚"这样的脑压迫症状。

可他自以为这是酒精的作用，而他的妻子看到他晃晃悠悠且一身酒气，也同样误以为他是喝多了，于是丝毫没有意识到情况的严重性，而只是叫他快点睡觉了事。

而距磕碰 3 至 4 小时后，其硬脑膜下出血的出血量已累积至 70 至 80 毫升，于是导致他陷入昏睡状态，还伴有打鼾。可此时妻子依然认为这是因为他"喝得太醉"了。

而距磕碰 7 至 8 小时后，出血量已超过 150 毫升，这种程度的脑压迫，使其最终死亡。

假如能尽早做出正确判断，及时通过手术来摘除血肿并止血，他就不会死。

像这种案例，我处理过不少，因此我不但发表过相关学术论文，还一直致力向医疗行业呼吁，避免这种悲剧的不断重演。由此可见，法医制度对预防医学亦有所贡献。

事发地点与死亡地点的分歧

上述案例的事发地点与死亡地点相距甚远，且"触发性事件"的发生与被害人死亡之间也隔了将近半天的时间，因此较难从表面上发现二者之间的联系。

鉴于此，假如验尸的不是法医或专攻脑外伤的专家，很可能就无法做出上述正确判断。

结果死者就会以"病故"处理，真相被掩埋，死者的人权也无法获得充分的保护。

综上所述，确定"何处"（地点），对于破案起着关键作用。即要仔细观察尸体及事发现场，从而发现其中是否存在矛盾。打个简单的比喻，如果一幅画上画的是"金鱼游在飘曳的海草中"，则即便是小孩子，亦会感到奇怪。

总之，无论如何伪装，都骗不过专家的"法眼"。

第 3 章

"何人"（凶手）

——死者被何人杀害？

法医教你如何找到凶手

谁是凶手？

法医界经常说"尸体会道出真相"，这是因为死者往往在死前看到了凶手的模样。

我在担任法医、奋战在第一线的那段岁月里，心中一直有个强烈的愿望——希望科学家发明出一种机器，能够提取出尸体临死前留在视网膜中的影像，从而揪出凶手。从这一点亦能看出，如何从尸体中听取"死者的告发"，是法医亟须解决的现实课题之一。

若能弄清这点，几乎就等于破案了。

"我不是死于事故，是被人杀死的。"

聆听这种尸体的"无言呐喊"，便是我们法医的职责。而且越是水平高的法医，就越能听到和听清这样的"呐喊"。

凶手做了坏事，又不希望被警察抓到，因此会采取各种伪装手段。而警方机智地逐个破解谜团，最终抓获凶手。

这便是推理小说的精彩之处。可在现实中，情况有时并非如此一帆风顺。

真实的破案过程既朴素又辛苦，有时风尘仆仆，有时汗流浃背，靠的是一股近乎偏执的信念，一步一个脚印，不断接近真相和凶手。

关于这点，后面还会详述。这里先讲一下"乱刀捅死"之类的恶性案件。这类案件一旦发生，媒体往往会将其定性为"残忍冷血的仇杀"，并浓墨重彩地报道。

且常常由此推断凶手的形象和背景。

但根据我多年验尸的经验，像这种乍一看"凶残非常"的案件，其真相往往并不像媒体所推测的那样。

换言之，这样的凶案，凶手多为弱者。

如果是强者，则对于"如何干掉对方"自然胸有成竹，因此可以实现"一刀毙命"之类的杀法，但弱者却做不到。

由于不知道杀死对方的"要领"，因此盲目地不停捅。万一下手不彻底而让对方有机会反攻，则死的就是自己。

在这种恐惧的驱使下，凶手"不得要领"地持续捅，最终以"乱刀捅死"的方式了结了对方的生命。甚至在对方已经死亡后，凶手依然以几近疯狂的精神状态，照样接着捅。

正因为如此，许多"乱刀捅死"之类恶性案件的被害人尸体虽然满目疮痍，但许多伤都没有生活反应（译者注：生活反应指暴力作用于机体时，在损伤部位及全身出现的防卫反应。根据生活反应可确定受伤时死者是否还活着，有时还可借此推断其伤后存活的时间）。

换言之，凶手并非天性残忍才捅这么多刀，而是弱者的自保心理作祟。

此外，即便心怀怨恨，"连捅多刀"也并非现实中的发泄方式。

因为就算凶手下手的动机源于怨恨，可一旦付诸行动，便是"杀人或被杀"的生死搏斗，因此怨恨早已抛到脑后，只是为了自己活命而疯狂地不停捅。

而说到真正残忍的手段，其实"连捅多刀"并不在其列，而像挖去死者的身体局部（比如剜眼）等超出常人想象的离奇行为，才是真正的残酷冷血。

如果把"连捅多刀"与真正的残忍手段混同起来，便难以触及案件的真相。

我有一次上节目，针对当时的一桩凶案，我阐明了上述观点。结果同席的一位犯罪心理学家也表示佩服和赞同。

所以说，长年基于现场的经验，是十分宝贵的。

我在这里不是给某部刑侦剧做广告，不过"案件的确发生在现场"，因此不是在办公室开开会就能侦破的（译者注："案件发生在现场"是人气刑侦日剧《跳跃大搜查线》中有名的台词）。

可在现实中，一旦上述"连捅多刀"的案件发生，媒体就会擅自推测，渲染"残忍血腥""怨恨仇杀"等色彩。

这或许对观众、听众和读者等受众而言单纯明快，且吸引眼球，但解读案件的专家切不可如此随波逐流。或许一些专家在感性层面对类似案件有"血腥残忍"的感受，但"感受"和"解读"完全是两码事。

"凶手"为何那么做？

分析凶手的心理，亦是解读的一环。

而通过尸体"读取"凶手心理活动，则是我们法医的职责之一。

在现实中，基于验尸结果，的确能够在一定程度上了解凶手的心理，下面以具体案例予以说明。

案例 1："连捅多刀"真是残忍的作案方式吗？

一名女性被人捅死，身上被捅处多达 20 至 30 处，全身流血，伤痕累累。媒体对此大肆报道，且皆认为这是"令人发指的仇杀"。

而正如前述，对于这类案件，我每每否定这样的论调。

"连捅多刀是凶手自保心理的体现，是弱者的作案方式。"我虽一直如此解读，但大众却难以理解。直到十多年后的现在，我的这种观点似乎才被人逐渐接受。

杀人动机或许基于怨恨，可一旦拿起刀付诸行动时，对方也会拼死抵抗，于是演变为"你死我活"的性命相搏。这么一来，凶手原本的怨恨情感早已抛到脑后，而其既不知道也无暇思考"捅哪里会致命"，因此只是一味地乱捅，结果就成了"连捅多刀"恶性案件的作案人。

这样的作案现场往往鲜血淋淋，而死者尸体亦伤痕累累。这样的视觉冲击，会让目击者震撼，而这样的感受一旦用语言表达出来，便是"手段残忍""作案血腥"之类。

而凶手在经历激烈死斗而杀死被害人后，又立刻陷入不安，害怕自己会被警察抓到。

因此凶手往往会将被害人的尸体藏匿，然后迅速离开现场，开始逃亡。

倘若不能理解凶手这种在犯罪前、犯罪中和犯罪后激变的心理状态，便无法触及案件的真相。

总之，"连捅多刀"案件的凶手并非"视人为牲畜"的冷血大恶人，往往只是弱者而已。

案例 2：杀人分尸的凶手真的生性残虐吗？

还有一种类似的恶性案件——杀人分尸后丢弃。

昭和 30 年代（20 世纪 50 年代），通过战后重建，东京的繁荣已经有了相当程度的恢复，独门独院的居民房也开始鳞次栉比，可房屋的外部和内饰依旧十分粗糙，无法与现在相比。

当时，如果有人在家中杀了人，有的会掀开屋里的榻榻米，直接在露出的地板下面挖坑埋尸。假如由于各种原因而做不到这点，凶手就会进行分尸，然后将尸体的各部位用蒲包包起来，骑着自行车等交通工具，把蒲包扔到荒川或隅田川等河流中。

而随着时间的推移，腐烂的尸体各部位往往终会浮出水面，被人发现。

结果死者身份被确定，案件被侦破，凶手被绳之以法。

而出人意料的是，这类"杀人分尸丢弃"案件的凶手多为女性。

女性纤细柔弱、天真烂漫，可谓美丽的代表。但也有人说，女性亦有强悍、冷酷，甚至残忍的一面。

但分尸行为，真是女性的残忍一面使然吗？

如今，有长屋檐的居民房越来越少，且越来越多的人选择居住在钢筋混凝土结构的公寓里。公寓属于群居住宅，倘若把尸体放置在室内，不但显眼，且尸臭飘散，很容易被旁边的邻居发现，因此要想掩人耳目，就必须把尸体搬出去扔掉。

1994 年的"美发师杀人分尸"案件可谓典型。

凶手在案发 10 日左右就被缉拿归案，而在那之前，像我这样的专家就被媒体请去，充当解说分析者的角色。我记得当时上节目时，算上我一共有两三位嘉宾，大家对着摄影机，各抒己见，推测凶手的样貌和背景等。

死者为女性，其被杀害后分尸丢弃。不少人基于犯罪心理学，认为凶手生性残忍，且对死者积怨较深，是一个精神变态者。而我则基于"原法医"的立场和经手的实际案例，提出了反对意见。当时节目主持人对此非常吃惊，连忙问我："（反对）理由是什么？"

我答道，该案件的死者被杀后遭分尸，身体的各部位被装在小的塑料袋里，凶手将总计 30 个左右的塑料袋扔到高速公路出入口处的垃圾桶里，且以分散的方式，扔到不同地方的多个垃圾桶里。居然把尸体切成这么多块，旁人看来，这自然是充满残忍和仇恨的变态行为。

但要注意的是，以这种手法作案的，实际上多为女性。

凶手在杀死被害人后，搬运整具尸体太重，且容易在搬运途中被人发现。而如果将尸体分尸，则搬运方便，抛尸也方便。凶手一心想尽快把尸体处理掉，为的是掩盖真相，不被警察抓到。女性力气不比男性，之所以杀人后选择分尸，完全是出于"方便搬运和丢弃"的目的。

换言之，分尸并非因为凶手性格残忍或"难解心头之恨"，而只是焦急、无助、不知所措的表现，这与"火灾时被逼出来的瞬间爆发力"类似，有时凶手本人都想不到自己居然会做出这种事。

"女子孤身一人，（要处理尸体）只能这么干。"在经过上述一番说明后，我如此总结道。

节目结束后，我刚回到嘉宾休息室，制作人就冲了进来，对我说："观众热线打爆了，谈论的都是您。"我吓了一跳，问道："难道是我使用了什么歧视性的不当措辞吗？"制作人说："没有没有。"原来，由于这档节目是下午时段的热点专题报道，因此观众中有大量家庭主妇，而打来电话的就是这类观众。

这些观众对电视台说："那个叫上野的嘉宾对案

件的分析和其他嘉宾都不同，但感觉挺有道理的，明天也让他上节目吧。"

这也让我再次认识到，与读书而得的理论知识相比，基于大量实践经验的解说更能打动观众，更能被观众接受。

而在10天后，凶手被抓获，是死者的一名女性同事。

案例3：推测全错，凶手居然是少年

"凶手是什么样的人？"

电视台和杂志在聚焦报道恶性案件时，每当采访到我，都会问这个问题。而对于该问题答案的猜测，我对自己的正确率可谓相当自信，这源于我在法医岗位上多年兢兢业业的工作经验。

可对一个案件，我的推测却完全错了。在这里介绍如下，也算是我的反省。

1997年5月27日，位于神户的一处安静的住宅区，在区内一所中学的大门口，放置着一个人头。

这在当时是震惊社会、前所未闻的大案。且头颅的嘴角也被切开，嘴里被塞了一封凶手的犯罪声明。

声明中充斥着对警察、学校和社会的不满，可谓是一封"公开挑衅书"。事发不久后，警方查明，死者是附近小学的五年级男生。

事发现场挤满了日本全国各地的媒体记者。而该案件史称"酒鬼蔷薇事件"（译者注：由于凶手在犯罪声明中署名为"酒鬼蔷薇圣斗"，因此该案件被称为"酒鬼蔷薇事件"）。

我当时也曾在现场对着媒体镜头，发表自己的意见。

"凶手不住在这一带，是驾车偶尔经过这里，然后犯下了这令人发指的罪行，之后扬长而去。这中学大门的围墙有2米高，所以没有170厘米以上身高的话，就没法将死者的头颅放上去。鉴于此，凶手应该是30岁左右的男性，且不算矮小。"

第二天，死者头颅以下的身体在附近山里半山腰的小屋屋檐下被发现。据警方公布的消息，其身体上没有任何外伤。

这使我更加确定自己的推测——死者被杀时没有进行丝毫抵抗，可见与凶手体力悬殊，因此凶手肯定是 30 岁左右的男性。

"假如凶手与死者年龄相仿，则势必会发生搏斗，死者会奋力抵抗，因此其身上应有擦伤和冲击伤等伤痕。既然没有，就说明凶手是死者根本敌不过的成年人。"面对媒体，我当时如此满怀自信地分析道。

此外，由于上述"发现死者身体的现场（半山腰的小屋屋檐下）"并没有血迹反应，因此有人认为凶手是在其他地方放掉了尸体的血，或者在其他地方将尸体"斩首"的。对此，我纠正道："人一死，其心脏就会停跳，既无血流，也无血压。此时即便切开其身体，受影响的也几乎只有毛细血管，所以不会有血流出。"

可记者们只基于自己生活中的感受，因此固执地误以为"既然平时有个小伤口都会流血，那么把人头砍下的话，势必应该血流如注才对"。

于是乎，不少媒体的记者都自说自话地"杜撰"出一套解释——"死者在其他地方被杀和斩首，其头颅被凶手放到了中学校门口，而其身体被凶手丢弃在了学校附近山里半山腰的小屋屋檐下"。他们还基于这套解释，在事发周边的辖区和街道进行采访。

而我在此再强调一遍，活人的血液循环源于心脏的强大压力，从而像"泵"一样，把血液输送至全身，血液依靠血压，在血管内流动。所以哪怕只是割破了皮肤的浅层表面，由于其中的毛细血管带有血压，因此血会流出。可人一旦死亡，心跳便会停止，于是血压消失，血流停止，此时就算切断死者的头颅或肢体也不会出血，即便有出血，也是微量的。

鉴于此，上述案件的凶手也完全没必要对死者的尸体进行放血处理，因此凶手完全可能就是在上述半山腰的小屋屋檐下杀死死者的。虽然我对记者们如此解释，但他们似乎还是无法立刻相信。

此外，上述现场附近还曾接连发生多起令人毛骨悚然的事件，大到少女被砍杀，小到鸽子等小动物被残杀……

"这些事件与'酒鬼蔷薇事件'是不是同一凶手所为？"当时有记者拿着麦克风，对我如此问道。

塞在"酒鬼蔷薇事件"的被害人头颅口中的犯罪声明充斥着对警察、学校及社会的不满，内容极具挑衅性。

既然如此，凶手理应对警察和社会之类的强大组织采取攻击行动。可实际上呢？其杀害小动物、砍杀少女、杀死 11 岁的小学生后将其斩首……袭击的都是弱者。

因此我得出结论——"如果系同一凶手所为，则凶手是处事小心的卑怯之人"。

数日后，神户报社收到了凶手寄来的声明。

看了这封声明后，我吃了一惊，因为凶手在其中写道"以为我只敢杀小孩子就大错特错了"，这完全是对我的公开发言的回应。

声明中不但写有凶手对其在学校和社会所受歧视的不满，而且还嚣张地挑衅道："各位愚钝的警察，有本事就来阻止我啊！"鉴于此，我更加肯定，凶手是屡受歧视和挫折的 30 岁左右的男性，其心中的不满全面爆发，属于极为独断专行的犯罪者。

可在 1 个月后，14 岁的初中男生被警方抓获，他就是"酒鬼蔷薇事件"的真凶。我当时万分惊讶，而全日本想必皆如此。

我的预测完全被颠覆。

凶手和死者是朋友，彼此住得也近，二人常常在公园一起玩耍。而凶手在杀了该朋友后，便将其头颅割下，并摆到自己中学的校门口处。

这名凶手完全突破了我凭借法医学和犯罪心理学等经验和知识所织成的"推理网"。因为是小孩子，所以"不按常理出牌"，也不会去考虑自身行为的逻辑和后果。

无知的行为，恣意的犯罪，仅此而已。

虽然我对于该案件的推测全错，但这也给了我非常宝贵的教训。

凶手是谁？

对于上述案件，换作以前，如果推测"凶手是 30 岁到 40 岁左右的男性"，则结果八九不离十。

可如今，事情就没这么简单了。

成人？小孩？男性？女性？……甚至外国人的可能性都不能排除。换言之，现在是凶手"多元化"的时代。而上述案件，则让我再次认识到了这个现实。

案例 4：分辨凶手是"山里长大的"还是"海边长大的"？

在杀人抛尸案件中，有时通过抛尸方式，亦能确定凶手的模样和背景。

在筑波市，曾发生过一起家庭悲剧。身为丈夫的医生想和情妇结婚，于是向妻子提出离婚要求。对此，妻子回应道："如果给我 1.3 亿日元补偿金，我就同意离婚。"结果交涉升级为争执，最后丈夫把妻子活活掐死，之后又把还在熟睡的自己 2 岁的女儿和 1 岁的儿子弄死，并在当晚处理掉了这 3 具尸体。

或许凶手觉得自己的作案是"神不知鬼不觉"，可在 5 天后，横滨跨海大桥下出现了漂浮的袋子，里面装着腐烂的女尸。案发第 9 天，同一地点又漂起了装着幼女女尸的袋子。

警方很快查明了上述尸体的身份——筑波市的一名医生的妻子和他 2 岁的女儿。而在案发第 13 天，该医生 1 岁儿子的尸体又在同一座桥下被发现。

当时我以专家嘉宾的身份上了电视，主持人问了我一个十分朴素的问题——"（凶手）明明在筑波下的手，为什么要特地去横滨抛尸呢？"在主持人看来，凶手住处附近就有筑波山，却到那么远的横滨海湾去抛尸，故无法理解其理由。

当时主持人突然提出该问题，并一下子把麦克风朝着我，这着实令我有点慌乱。为了争取点时间恢复冷静思考，我姑且先反问道："犯案的那名医生，是土生土长的筑波人吗？"结果主持人答道："是的。"

"原来如此。所以凶手知道筑波山里没有适合藏尸的地方。他在家中杀了妻子和孩子，把尸体放到车上后，如果驾车去山里抛尸，就得把车停在盘山公路边，然后搬着尸体走进林道。可由于尸体很重，他最多走个百来米。而在距离盘山公路仅百来米处的地方，即便刨坑埋尸，也藏不久。由于凶手是当地人，因此熟知这点。'既然如此，那就扔到海里吧。虽然不太懂，但广阔的太平洋一直通到美国，把区区3具尸体冲得无影无踪，应该不是问题。'凶手势必基于这样的想法，所以才会自以为抛尸海中更安全。可反过来，假如凶手是在海边长大，就会明白，即便把尸体扔到离海岸较远的海中，由于海流和海风等因素的作用，尸体最后往往还是会被冲回岸边，所以会倾向于去自己不熟悉的山里抛尸。"

听我这么一番分析，主持人连声说"您的见地好有道理"，似乎对我的回答还是比较信服的。

再说回上述案件的凶手，前面提到，他是医生，不仅如此，他在校时还学过法医学。

因此他明白，尸体会从水中浮起来，毕竟人的肺能够起到浮球的作用。鉴于此，他用每个重达2公斤的铁制哑铃来加重。他在装妻子尸体的袋子里放了3个，在装孩子尸体的袋子里放了2个，然后再抛尸海中。放了重物，自然会下沉。这点他的确没搞错，可他"学业不精"。

即便尸体沉入水底，依然会开始腐烂，于是其体内会产生气体，就像日本民间说的"淹死鬼"那样，尸体最终会如气球般膨胀。此时，上述哑铃之类的重物也无法阻止尸体浮出水面了。而在上述案件中，凶手妻子的尸体便在5天后浮起，从而使凶手自以为能"完美掩盖"的罪行败露。

我在大学时的专业是法医学，且研究的主要领域就是"溺死"，所以我知道要放多少公斤的重物，才能真正阻止尸体上浮。当然，这种知识，我是不能在这里传授的。

不过各位读者只要稍作思考，亦能大致有数——如果尸体体重为50公斤左右，为了阻止其腐烂膨胀后上浮，势必需要相当重的重物。而通过重物的重量，还可判断凶手是单独作案还是多人作案。

虽然上述案件的凶手"学业不精"，最终使得其罪行大白于天下，但身为从医者，居然如此恶用医学知识，实在是不可饶恕。

再介绍一个与"重物"相关的案件。有船员在船上打架，结果一方在愤怒的驱使下失手杀了另一方。

凶手为了抛尸，把死者绑在待报废的旧冰箱上，然后扔到海里。

次日早晨，有人发现在东京湾漂浮着一具"背负着一台冰箱"的尸体。冰箱的确很重，但却容易浮起来，因为关闭着的冰箱门使其内部存在空气，反而起到了浮球的作用。

还有一个案件，一妻子杀死了自己的丈夫，并从桥上朝湖里抛尸。为了让尸体永远沉入湖底，她在两个 10 升的塑料容器里装满水，绑在尸体上加重，然后在半夜实施了抛尸。

次日早晨，绑着塑料容器的尸体浮出了湖面。这和冰箱的原理类似——装满水的塑料容器的确很重，但湖里也是水，二者比重相同，所以会浮起来。

上述凶手们似乎有点愚昧可笑，但案件都是血淋淋的严肃现实。

当法医当久了，就会有许多不可思议的经历，在旁人看来，非常有"故事性"。而有的案件特征，的确对把握凶手的样貌、背景等个人信息有所启发和帮助。

总之，"对海熟悉的人抛尸于山中，对山熟悉的人抛尸于海里"。

在推断凶手信息方面，该理论应该还是挺有用的。

案例5："City Boy"的作案模式

在上述筑波惨案发生的5年后（1999年10月），名古屋发生了一起恶性凶案。在当地健身房上班的一名女性教练被杀，并被分尸后抛尸。

其躯干部分在箱根国道旁被发现，且有被浇上汽油焚烧的痕迹。而当我与电视台节目组在现场观察情况时，又收到了最新消息——人的手脚等部位在名古屋港被发现，经警方查实，其属于被害的该女性教练。

得知此消息后，同行的女主持人立刻把话筒朝向我，并问道："该案件的凶手在实施分尸后，将尸体部分抛到海里，部分又抛到山里，这与您之前提出的理论似乎有所出入。对于该凶手的背景，您有何看法呢？"

如此尖锐的问题完全令我措手不及。

我一下子答不出来。

情急之下，我"信口开河"地挤出一句——"（凶手）应该是 City Boy 吧。"

主持人看着我当时犯难的表情，一边微笑，一边进一步追问道："City Boy？您是指生在长在城市里的青年吗？"虽然我的回答毫无根据，但既然说出口，就要负责任，因此我必须给予相应的解释。

"既不熟悉海，又不熟悉山，可见是在城里长大的青年。所以才会漫无目的地随意抛尸。"我总算是给自己的结论"憋"出了这么个理由。

主持人也好歹满意了，而我已一身冷汗。

数日后，案件被侦破，凶手被抓获，是名古屋市土生土长的大学生。

我情急之下"信口开河"的观点，有时居然也会一语中的，这真令我不禁苦笑。不过也正好印证了一点——只要予以认真观察、仔细分析，仅从凶手的抛尸藏尸手段，也能对其样貌、背景等信息把握一二。

案例6：瞳孔缩小的尸体

在市郊的一幢独门独院的房子里，独居着一名年过半百的女性。周边的商贩会在她家的后院套廊处歇脚、吃午饭。

可从某天起，在短短1个月内，就有3名在此处歇脚的商贩接连死亡。

经附近医生诊断，3 人皆死于脑溢血。

话虽如此，可上述情况着实可疑，因此警方从第 3 名死者入手，开始调查。

结果有了意外发现。

第 3 名死者是个女商贩，而其瞳孔居然是缩小的。

一般来说，死人的瞳孔应该放大才对。而如果缩小，则意味着什么呢？

那名年过半百的独居女性曾向上述被害人们提供免费的茶水和腌菜，而腌菜涂有农药，被害人就着午饭吃腌菜，结果毒发身亡。接着她便拿走被害人们身上的钱财，然后叫医生。

医生在观察被害人的尸体后，并未视其为"非正常死亡"而通知警方，而是简单地开具了死亡诊断书，死因一栏写着"脑溢血"，这使得凶手的罪行一度被掩盖。

所以说，在进行死亡确认时，对死者瞳孔的观察必不可少。

人死后，由于神经麻痹，瞳孔一般会扩散放大。如果死者瞳孔呈缩小状，则只可能是死于有机磷类农药或沙林毒气等毒药中毒。

上述验尸的医生居然没能察觉到这点，作为"同行"，我真的有点替他难为情。但不管怎么说，通过死者"瞳孔缩小"的异常现象，凶手下毒杀人的真相大白，凶手也被绳之以法。

所以说，死因隐藏在验尸结果中。

倘若只基于外部情况和相关陈述来判断，则正中凶手下怀。

案例 7：死在女人手上的男人们

凶手的样貌、身份和背景，也在随着时代的变化而变化。

夫妻同去夜钓，妻子在给丈夫喝的酒里掺了安眠药。待丈夫陷入昏睡状态后，妻子便把他推入海中。妻子将这一切伪装成意外事故，骗取了保险金，送给她外面的情夫挥霍。

该凶手真可谓蛇蝎心肠。而由于案发地区缺乏法医制度，因此该案件一度被误认为是单纯的意外事故。直到数年后，一切才真相大白。

最近成为热门话题的"埼玉、鸟取女性结婚欺诈案"亦类似。

凶手（女性）以"寻求结婚配偶"为理由而与被害人（男性）交好，且对被害人予以无微不至的照料。被害人因此完全信任了凶手，于是给予凶手大量金钱。而凶手最终在给被害人喝的酒里掺入安眠药，从而害死被害人。至今，查明的被害人已有6 名。

这些被害人都被凶手魅惑，莫名其妙地就死了。

从前，说起杀人凶手，给人的印象一般都是男人。而随着时代的变迁，凶手的样貌、身份和背景也变了，且不少凶案背后都有金钱利益牵扯其中。

案例 8：粗糙的凶案伪装

一名主妇死在了被褥里。长长的煤气管从厨房延伸到死者枕边，管道口正好对着死者的嘴。

这一幕看起来似乎是一氧化碳中毒自杀，但也有可能是伪装。

首先，死者的死斑为深紫红色，而一氧化碳中毒而死的人的死斑应为鲜红色。其次，死者颈部隐约可见索沟，且面部有淤血和溢血点，这都是被勒死的人才有的特征。

通过警方的严密调查，死者的丈夫和情妇最终被逮捕。据丈夫供述，是他活活勒死了妻子，且为了不让罪行败露，他便与情妇共谋，将现场伪装成一氧化碳中毒自杀的样子。

可厨房的煤气是丙烷气，丈夫和情妇没有相关知识，自然也不知道吸入丙烷气其实并不会引起一氧化碳中毒。而且从死者尸体的死斑等特征亦可知，其并非死于一氧化碳中毒，而是被勒死的。

这起凶案的伪装，实在太过粗糙。

但由此也可见，凶手在作案后，完全可以改变现场情况，制造出"死者是自杀"等假象。

然而对于尸体的特征和现象等，凶手却难以篡改。比如死斑，便是无法伪装的铁证。

再如，有的凶手在勒死被害人后，会将尸体搬运到车里，然后制造"车内烧炭自杀"的假象。可尸体的血液和死斑皆呈深紫红色，且一氧化碳血红蛋白的测试结果为阴性，与烧炭自杀完全不符。

前面也提到过，如果是"车内烧炭自杀"等一氧化碳中毒而亡的情况，则死者的血液和死斑应呈鲜红色，血液中一氧化碳血红蛋白（煤气量）应高达70%~80%。反之，如果死者是被勒死，则其颈部会残留相应的索沟，且面部会有淤血和溢血点。这些死亡特征，都无法被抹去。

换言之，不管凶手如何将死者伪装成"一氧化碳中毒自杀"的模样，通过验尸，死者"被勒死"的特征都昭然若揭。

案例 9：凶手是枪手

一家超市每晚 9 点关门。一天晚上，在关门后，该超市的一名女性店员和两名打零工的女高中生一起，拿着当日的营业额（450万日元），放到了位于超市办公室最里面的保险柜里。

此时，突然有一个拿着手枪的强盗冒了出来。他用枪口抵着女店员的后脑勺，命令她："把钱交出来！"而两名打零工的女高中生也被用胶带绑在了一起，并被命令道："老实坐着别动！"

强盗一个劲儿地催女店员拿钱，可女店员并不知道如何开保险柜。除了该超市的社长外，没人会开。店员们每晚把当日营业款放到保险柜里并关上门后，社长第二天早上就会来转动密码锁，打开保险柜，把里面的营业款存到银行。

女店员被枪指着，在恐惧情绪的驱使下，她不着边际地胡乱拨动着保险柜的密码锁，这自然是打不开的。而强盗则死命地催促她快点打开，并紧贴着她，以枪威胁。坐在强盗身后的那两名女高中生见状，便伺机开始扯身上的胶带，试图逃跑。可强盗察觉了撕扯胶带的声音，他一回头，二话不说就开了枪，两名女高中生后脑勺中弹，当场死亡。

受到枪声的惊吓，这时那名女店员也开始撒腿逃跑。"站住不准逃!"面对强盗的大喝，女店员顿时站住，然后转头朝强盗看去。就在这一瞬间，强盗开了枪。子弹从她的前额部贯穿至后脑勺。她一屁股坐到了地上，背靠墙壁，全身痉挛。

强盗立刻走到她跟前，从她的后脑勺朝着下颌部方向又开了一枪，使她当场死亡。

接着凶手试图打开保险柜，可尝试无果，于是撒气般地朝着保险柜的密码锁开了一枪，可柜门纹丝不动。就这样，在短短两三分钟内，5声枪声响彻周边。

结果强盗未得分文，匆匆离开作案现场。

15分钟后，附近听到枪响的五六位热心市民一起赶到案发的超市办公室，他们小心翼翼地走进去，发现3人倒在血泊中。

在大多数人看来，只要子弹击中头部，那就必死无疑，但其实并非如此。简单来说，其理由如下。

根据功能，可以把大脑分为脑干和端脑。脑干位于大脑的中心部，是自律神经的中枢，负责发布与人的自主意识无关的"自动运作指令"，比如心跳、呼吸、消化吸收等。

与之相对，位于脑干周围区域的端脑是"意识行为"的中枢，负责控制手脚的活动和言语等。因此，如果端脑被子弹打穿，人便会失去意识，陷入昏睡状态，但只要未伤及脑干，就能维持心跳和呼吸，所以不会死亡，这种状态就是所谓的"植物人"。

反之，如果子弹伤及脑干，则心跳、呼吸和消化吸收便会戛然而止，人也就立刻死亡了。

哪怕脑干只是出现少量的病理性出血症状，病人也会危在旦夕。如果立刻安装人工心肺装置，并采取相关的延长生命措施，则病人也就能多活两三个星期，且一直处于意识不清的昏睡状态。从表面上看，这似乎与植物人状态类似，但二者受损的大脑部位不同——端脑受损是植物人，而脑干受损就是脑死亡了。

在医学概念中，脑死亡标志着人已死亡。因此，上述医疗措施等于是用机器设备来短暂实现心跳、呼吸等功能而已。

而上述案件的凶手熟知"枪击哪里才会真正致人死亡"，十分专业。

由此可推，凶手参加过战争，或者是黑手党之类的犯罪集团中的杀手。

总之，凶手抢钱是外行，开枪杀人是内行，并视区区 450 万日元为巨款，且在未得分文的情况下，就轻易夺去了 3 条人命。

这样的作案行为，怎么看都"不合算"。

再加上凶手至今未被抓获，"凶手是外国人"的可能性就非常大了。日本对枪械严格管制，用手枪用得这么好的人，可谓凤毛麟角。

可见，鉴于上述事实，便能把凶手的身份和背景框定在一个较窄的范围内了。

案例 10：要留意健康人士的突然死亡

一名中年女性，平时身体很健康，却在琉球旅游时突然失去意识，被送医院后不治身亡。

对经手的医生而言，她属于初诊病人，且突然死亡。由于对她的过往病史一无所知，因此虽然她看起来是病死，但医生无法确定其病名，于是向警方提出了"非正常死亡"报告。

医生的上述判断，为破案提供了契机。

而且幸运的是，负责验尸的是琉球大学医学部的法医学专家。该专家的意见是，虽然死者看起来像病死，但只有靠解剖才能真正确定其死因。于是进行解剖，结果发现，生前健康的这名中年女性身上，并没有任何会致死的病灶。

而在解剖分析的同时，警方的调查也不断推进。

死者的身份被查明，她已婚，夫妻俩无子女。而其丈夫在短短 5 年内，已经结了 3 次婚，每次婚姻均以妻子死亡结束。该女性是他第 3 任死去的妻子。

其丈夫的前两任妻子皆死于急性心脏衰竭。更蹊跷的是，第 1 任妻子没买保险，但他为第 2 任妻子买了 1000 万日元的保险。对于这第 3 任妻子，保额更是高达 1.85 亿日元。

这极度可疑，因此警方在委托琉球大学医学部验尸时，特意指出了他杀的可能性，从而督促医学部方面以此为前提，对尸体进行仔细查验。

另一方面，作为保险赔付受益人的死者丈夫以"妻子死于急病"为由，向投保公司提出赔付要求，而保险公司则以"死因尚未明确"为由而拒绝赔付，因此双方正在走民事诉讼的流程。

1 年后，琉球大学医学部终于在死者血液中检测出了毒药乌头碱。至此，死者的死因被查明——死于乌头中毒，该案件也被定性为"毒杀案"。

凶手杀死 3 任妻子的手段皆相同，当初其第 1 任妻子因意识不清而被送至医院后不治身亡时，假如经手的医生不轻率地开具"死者死于急性心脏衰竭"的死亡诊断书，而是视其为非正常死亡，并通知警方，提出"行政解剖"的申请，就能避免之后两人的被害。

以此类推，当送到医院的初诊病人突然死亡时，经手的医生切不可只根据陪同家属的言辞——譬如"（死者）平时血压就偏高"之类，就轻率地判断"（死者）死于脑出血"等，并开具死亡诊断书。否则就会像上述毒杀案一样，有让凶手逍遥法外之虞。

可见，"非正常死亡报告"是保护死者人权的底线。

案例11：靠"毒药"而隐藏的真凶

无论东方还是西方，投毒杀人的历史，皆自古已有。围绕毒杀，有不少历史故事流传了下来，其中有的情节巧妙，扣人心弦。而最重要的是，古时法医学并不像今日这般发达，因此真相往往趋于模糊，甚至早已被淹没在历史尘埃之中。

对于毒药，当时人们也发明了各种原始的防卫手段。比如银质的酒杯、筷子等，当时人们相信银碰到毒药会变色，因此可以起到验毒的作用。此外，达官贵人甚至还会配备"试毒"的仆人，让其先替自己尝食物和酒水。

而从上述诸多防毒对策，亦能窥见当时毒杀行为之普遍。但由于当时缺乏检定毒药的技术，因此对于具体实际情况，如今已无从得知。

比如，某人在用餐后感到难受，进而突然死亡。这既可能是急病发作，也可能是毒发身亡。可当时没有现在这种检验毒药反应的测试法，因此无法加以区别。至于死者是病死还是被毒死，则取决于权威人物的主张。

尤其在权力斗争中，毒杀十分有效。它与砍杀或刺杀不同，即便是柔弱女子亦能实施，且投毒者不必亲自经手，而能借由他人或其他手段，把毒药送到被害人口中，因此难以查明真凶。再加上如前面所述，很难分辨死者是"病死还是被毒死"，因此对凶手而言，确是非常方便的手段。

1660 年（万治三年），仙台藩六十二万石（译者

注："石"为俸禄单位）发生的"伊达骚动"，便是典型的"毒杀藩主事件"。当时，身为藩主的伊达纲宗由于行为不端，被幕府责罚，命其隐居。因此他2岁的儿子龟千代便成了藩主，由纲宗的叔父——伊达宗胜辅佐幼主。

可伊达宗胜与身为家臣之长的原田宗辅勾结，欲毒杀幼主，从而取而代之，坐上藩主之位。为此，伊达宗胜命令他的私医调制鸩毒，并叫来御厨长、膳房总管和膳房差人，向他们传达了阴谋计划——"在第二天早膳中偷偷下毒，从而毒死藩主龟千代"，并命令他们执行。

当时接受毒杀命令的膳房差人盐泽丹三郎感到犹豫和迷茫，不知道该不该这么做，如此烦恼了一宿没睡，迎来了次日清晨。

到了藩主用膳时间，下了毒的早膳从御膳房被端出，经过数名下人之手，被端到了幼主面前。

此时，盐泽丹三郎下定决心，认为自己以身试毒、保护幼主，才是利于仙台藩的大义之举。于是他不顾无礼，在幼主面前吃光了幼主的早膳。结果片刻之后，他便面色发黑，发出痛苦呻吟，并吐血而亡。

得知这一消息的原田宗辅以"谋害幼主罪该万死"的名义，不由分说地将伊达宗胜的私医、御厨长、膳房总管立即斩杀。显然，这是害怕自己的阴谋败露而杀人灭口的伎俩，还装出一副"忠臣铲奸"的样子，企图混淆黑白、瞒天过海。不过幼主龟千代总算是逃过一劫。

这便是揭开伊达骚动序幕的"鸩毒事件"。当时人们把各种毒药统称为"鸩毒"。

中国古书《洗冤录》（世界最早的法医学书籍，由宋慈于1247年所著）记载，中国南部山中栖息着一种类似鹰的鸟，其以蝮蛇头为食物，羽毛有剧毒，其称鸩毒。将它的羽毛泡酒后，毒性颇强，人若饮此酒，则即死。

书中还说，该鸟筑巢于大树顶上，树下数十步内寸草不生，其雄鸟名为运日，雌鸟名为阴谐，若食其肉，亦即死。

至于解毒之法，据说可以饮下干燥的葛粉，或者服用犀牛角粉末。

虽然《洗冤录》中对这种毒鸟的介绍煞有介事，但现在一般认为它只是想象出来的动物，实际并不存在。

但在江户时代，作为银矿炼银的副产品，还会制造亚砷酸。通过加热砷石，便能提取出含有砷元素的亚砷酸，而该过程会生成白烟。如果把鸡毛伸到该白烟里，鸡毛上就会附着大量的亚砷酸结晶。倘若拿这样的鸡毛泡酒，亚砷酸就会溶入酒中，使酒含有剧毒。当时不少人认为这就是中国古人所说的"鸩毒"，一时搞得人心惶惶。

总之，现实中的所谓"鸩毒"，不是附子（乌头、乌头碱或含有其他生物碱类的毒药），就是亚砷酸（砒霜）。但这些毒药以前极为稀少，且价格高昂，普通百姓是搞不到的，因此它们主要被用于王家和藩主等权贵家族的权力斗争，而毒杀事件也被彻底掩盖，不会留下记录。所以，对大众和后人而言，至多只是一些坊间传闻，至于事件的真相，则永远被隐藏在历史长河中。

近年来，使用氰酸、乌头、砒霜、沙林等毒药的毒杀案件，在日本也愈发多见，甚至到了不胜枚举的地步。前面也提到，由于投毒者不必亲自经手，而能借由他人或其他手段，把毒药送到被害人口中，因此难以查明真凶。

无数凶手以毒药为工具，做出了伤天害理的恶行，且这样的悲剧一直不断。从前因为缺乏检测毒物的技术，因此使用毒药的暗杀活动屡见不鲜。不少达官显贵就这样被毒死，且自始至终无法验明死因，唯有含恨九泉。

案例 12：无法接受"自己儿子是自杀"的父母

有一名男大学生，在远离父母的外地上大学。一天，他自杀了。

通过警方和法医的调查（验尸），判断其为上吊自杀。

可在数月后，死者父母提出异议——"我们儿子不可能自杀。他没留下遗书，而且现场情况更像是他杀"，并要求警方撤回既有结论，重新开展调查。警方却不予理会，死者父母前往警局，结果也是吃了"闭门羹"，于是找到我这里。死者家属碰到类似情况时，不少都会找我，他们或是来倾诉烦恼和不满，或是来咨询具体事项。

警方和法医基于法律规定，进行调查和验尸，然后由分管警局对案件定性。若之后死者家属对警方的定案结论存有异议，警方一般不会轻易接受这类诉求。

除非有新的重要物证等，且重要到足以推翻之前的定案结论，否则警方连理都不会理。现实就是如此。

父母疼爱儿子，一开始就不相信自己的儿子会自杀，且由于在意世人的眼光，因此也有推翻"自己儿子是自杀"这一结论的意愿。鉴于这样的背景，该父母的异议与其说基于逻辑，不如说基于感情。

作为死者父母，面对警方的"不理解"，他们心中的不满和怒火便直接对准了警方，这让警方愈发感到无从处理和调解，导致事情陷入胶着。

再换个现实的角度看，死者是自杀、他杀，抑或死于事故，决定了家人能获得的保险金赔付额，以及其他各种"牵一发而动全身"的隐性问题。由此亦可见，死因兹事体大，不能贸然修改。

话说回来，如果家属真的对警方的结论抱有不满或疑问，就必须趁死者尸体还在时（即火化之前）及时提出，否则申诉的证据（遗体）就没了。

这一点至关重要，我希望大家铭记于心。

死者是自主选择死亡，还是被他人夺去生命，无论对个人还是社会，相关的判断工作都意义深远。

死者明明被杀，却被认定为自杀，尸体火化后入土，凶手却在某处逍遥自在，这势必让死者死不瞑目。

案例 13：有时自杀等同于他杀

1949 年 7 月，在常磐线绫濑车站附近，发现了一具被火车轧断的尸体。经调查，死者是国铁（日本国有铁路公司）初代总裁下山定则。起初的验尸结果是"死于卧轨自杀"，但后来通过东京大学的司法解剖，发现其轧断部位并无生活反应，因此判断被火车轧断是在死者死后。换言之，死者死于他杀。

可当时庆应大学却对此抱有异议，该校医学部认为，在卧轨自杀时，如果死者胸部（心、肺）被轧断，则伤口亦不会出现生活反应。换言之，"轧断部位并无生活反应"并不一定意味着有人在杀了死者后再抛尸铁轨，这等于保留了死者自杀的可能性。

二战结束前，日本四处侵略，诸如库叶岛、朝鲜半岛、中国台湾地区、伪"满洲国"等地，都有大量日本人居住，且都有相应的行政机关和交通机构。而随着 1945 年战败投降，这些地方的日本人都回迁至日本，这导致日本政府不得不裁掉大约 30 万名冗余的公务员和国企员工。而第一个"被开刀"的就是国铁，其必须裁员 10 万。

这事关国铁员工生死存亡的饭碗，于是他们结成了强势的工会，誓与国铁高层抗争到底。当时的日本处于美国占领军上将麦克阿瑟的统治下，为了尽快收拾该乱局，麦克阿瑟指派下山定则担任国铁的初代总裁，并命令他果断实施裁员。这导致下山夹在麦克阿瑟和工会之间，苦闷抑郁。而就在这种不安定的局势下，他竟然就死了。既有自杀的理由，也有被害的可能性。

关于上述事件究竟是自杀还是他杀，当时持不同意见的两方争论不休，迟迟无法达成共识。到了第二年（1950 年），朝鲜战争爆发，美军出兵朝鲜半岛，麦克阿瑟也没空再理会这桩案件，于是史称"下山事件"的该案件也就不了了之。

官方最后将该案件定性为"卧轨自杀"。当时，日本处于战败后无条件投降的被占领状态，面对真正掌控国家的驻日美军，日本各界和民众也只能接受这个定案结论。

既然是自杀，自然不存在凶手。可如果死者自杀的动机源于"被某人某事逼迫而走投无路"，则其虽然归为自杀，但其实等同于他杀。若不能理解这一点，便无法真正触及案件的核心。

凶手是何人？这可以从烟蒂的DNA样本中获知，从果汁饮料易拉罐的指纹中获知，从羊羹或苹果上的齿印中获知……由此破案的实例并不少。

案例14：试图以脸部整形逃脱追查的凶手

一名英国女性被杀，而嫌疑人在逃亡两年半后，才被缉拿归案。嫌疑人不但使用假名，还做了脸部整形，彻底改变了外貌，完全成了另一个人。

嫌疑人做了好几次脸部整形手术，其手术前和手术后的对比照片被报纸曝光，这成为警方抓获嫌疑人的契机。前面提到，为了逃避法律制裁，嫌疑人数次手术，但早在第一次手术前，其已被警方全国通缉，因此负责手术的医生很可能认出了嫌疑人。

在我看来，该医生应及时向警方通报才对。

既然是专门做脸部整形手术的医生，所以没道理会认不出嫌疑人。唯一可能的解释是，医生明明认出来了，但基于"保守客户秘密"的义务，故意不报警。

我在此想强调的是，诸如"为通缉犯整容""去除指纹"之类的手术，都不属于"医疗行为"的范畴。

换言之，这些手术都可谓销毁证据的手段，作为从医人员，不应染指这些手术。

反过来说，要想把凶手绳之以法，也少不了医疗等领域的工作者的协助。

识破凶手的癖好

俗话说"世无完人，各有其癖"。也就是说，人人都有自己的习惯和癖好。

而这样的癖好，也会在作案现场显现。

比如撬锁入室行窃的小偷，就一直在重复着自己的固有行为模式。

有的小偷习惯从厕所的小窗入室，每次的作案手法皆如此，于是警方也能由此缩小对小偷的抓捕网。

癖好是人下意识的习性，因此当事人自身难以察觉。往往要等到旁人指出，自己才会惊觉。

尤其是性犯罪者，其中不乏无法自控性欲的"性欲异常者"，因此作案手法往往定式化、模式化。而有时不知应不应该将这样的模式称为"癖好（性癖)"。比如1971年发生于群马的"大久保清事件"。凶手打扮成艺术家的样子，搭讪路边女性，邀其坐车兜风，之后对其施暴并杀害。凶手接连作案8起，杀死了8名女性。

而昭和末年至平成元年（1988年至1989年）的"宫崎勤事件"亦类似。凶手短期内诱拐了4名幼儿，在实施性侵后杀害。

不过要注意的是，即便通过作案手法推定"（数起）凶案是同一人所为"，离真正抓获凶手依然征途漫漫。而破案越晚，就可能有更多人被害。

还有这么一起案件。

在闹市街后巷的小路里，发生了打架斗殴。争执声很大，引得附近小酒馆的客人们赶来，结果发现地上倒着一个男人，任凭怎么叫他，都没有反应。

该男人的口、鼻及后脑勺都有流血。救护车将他送到医院，可次日早晨他已不治身亡。

我在验尸时，警方向我介绍了该案的调查进展，说这是一起"醉酒斗殴事件"。"原来如此"，我心想，怪不得死者的右脸颊肿大且伴有赤褐色的皮下出血，而其左后脑勺还有核桃大小的挫伤创面。

我身旁的警官对我问道："您认为凶手是怎样的人？"

对于打死死者的凶手，当时警方依然一头雾水，还未有头绪。

据我对尸体的观察，死者的右脸颊被重拳打击后，他便摔在了水泥地上。而在那过程中，他的左后脑勺受到了强烈撞击。

因此我答道："如果是斗殴的话，那么凶手应该是左撇子。"

理由很简单，既然是"面对面的干架"，那么对方应该是用左拳击打了死者的右脸颊，所以死者尸体的右脸颊是肿的。

也正因为如此，死者被击中后顺势倒下，左后脑勺重重磕在了水泥地上。既然是足以造成致命伤的拳击，则凶手无疑使用的是自己"用着最顺"的那只手。

由于上述案件的尸体属于"刑事尸体"，且又是"嫌犯尚且不详的杀人案"，因此在我验尸完成后，尸体会被搬到大学医学部，由相关负责人进行司法解剖。鉴于此，在完成验尸时，我对身旁的警官说："接下来就看负责解剖的医生如何判断了"。

数周后，我看到报纸上的一小版报道，标题是"左撇子男子被逮捕"。

所以说，通过仔细观察尸体，便能在某种程度上把握凶手的背景、样貌等特征。

　　而法医在验尸时，不但要缜密观察尸体，还应综合警方对现场及案件调查情况的说明，从而合理地考察案件的来龙去脉。

　　通过这样的方式，便能推断出"凶手为何人"的答案。

第 4 章

"和谁一起"（共犯）

——凶手是否有共犯？

单独作案还是多人作案？

仅靠验尸，能知道凶手是单独作案还是多人作案吗？

或者说法医对于该问题，是如何努力找寻答案的呢？

在验尸过程中，有时身旁的警官会问我："这起案件的凶手是单独作案，还是多人作案？"

对于这种问题，法医很难即刻作答。因为唯有认真缜密地观察尸体的损伤状态，才能做出相应判断。

举个例子，如果尸体有皮下出血，且伴有多处擦伤和撞击伤，则首先必须思考形成该外伤的机理，以及成伤器（凶器）的具体种类。

比如，究竟是拳头殴打造成的外伤，还是锤子、棍棒之类击打造成的外伤，抑或是摔在路面时造成的单纯磕碰伤……

像这样，法医需要观察和思考各个细节，然后断定造成死者死亡的致命伤。而在完成对所有损伤的分析之后，才能思考"凶手是单独作案还是多人作案"的问题。

不同成因的损伤，其形状皆不同。如果发现死者生前被多种凶器所伤，鉴于"凶手独自换用不同凶器殴打"的可能性极低，法医往往会提出"存在共犯"的结论。

而像杀人分尸这样的恶性案件，一旦女性嫌疑人被抓获时，我常常被问到的问题是："一个弱女子，能独自分尸吗?"显然，警方认为存在多人作案的可能性。

拿刀具切开尸体的皮肤和肌肉，待刀抵达骨头时，再换锯子，把骨头根根锯断。常见的疑问是："一个女子，有这个能力吗?"但事实是，一个女子也能做到。因为假如做不到，凶手自己就会被抓，所以只能硬着头皮，拼死"完成作业"。不能把尸体长时间放在家中，不然会被出入的邻居察觉，且尸臭也掩盖不住，因此只得趁夜色抛尸。可一具尸体太重，一个弱女子根本搬不动，转移起来也惹眼。为了方便搬运和抛尸，只能把尸体切成一块块的。

警方的疑问合情合理，分尸费时费力，比起一个人，自然两个人一起干更容易，因此往往会倾向于"存在共犯"的假设。可事实上，这类案件还是单独作案居多。

究其原因，是由于两个人同时对一个人起杀心的概率极低。即便有共犯，真正起歹念下手杀人的主犯往往也就一个，其他共犯只是"帮忙"而已。可愿意帮忙协助杀人的人，又有多少呢？恐怕也只有职业杀手之类的冷血之人吧。

基于上述思考可见，杀人分尸案件大多为单独作案。

关于"凶手是单独作案还是多人作案"的问题，下面再举一个典型案例。

前面提到过，杀人后抛尸水中（江、河、湖、海等）的话，由于人的肺具有浮球的作用，因此如果不加重物，尸体就沉不下去。而即便尸体暂时沉入水中，由于腐烂反应会产生气体，尸体就会如日本民间所称的"淹死鬼"那样膨胀，最终牵着重物浮出水面。

若要让尸体在充满腐烂气体的情况下依然不上浮，就需要相当重的重物。尸体自重加上这般重物的重量，其总重可不得了。鉴于一个人的力量有限，因此根据重物的重量，亦能判断出"凶手是单独作案还是多人作案"。

还有一种较为不同的"多人作案"情况。比如有桩案件，凶手是单独作案，且被抓获。而据凶手供述，其是受人所托，即背后有人指使。

但不管怎样，只要是多人作案，就有"内讧"的可能，从而导致案件在数年后因为"自己人"告发而真相大白。

有句话叫"天知地知己知"，可一旦存在共犯，除了"天知地知己知"外，还有"他人知"，因此秘密就不容易保守。

总之，要判断"凶手是单独作案还是多人作案"，需要具体情况具体分析，难以一言以蔽之。但概括来说，只要将验尸结果（诸如外伤数量及其形状等）与犯罪现场的状况进行比对，便能对真相把握一二。

案例1：因伤侥幸"立功"

我经手过一起案件，起初认为其属于多人作案，可之后察觉其属于单独作案。

在一条闹市街的后巷里一座小神社的暗处，一名男子倒在了血泊中。

事发后，我在警局的太平间对其验尸。

死者面部有大大小小多处刺伤和割伤，其伤痕形状各异，让人很难认为是一种凶器所致。此外，死者左侧颈部有很大很深的刺伤和割伤创面，且伤及颈动脉，是造成其死亡的致命伤。

不仅如此，死者前额部还有撞击伤，并伴有拳头大小的皮下出血。而其手和手臂处未见防御格挡伤。如果是单纯的刺伤，则凶手刺杀用的刀具形状会留在死者身上，从而为推断凶器提供依据。可该案件的尸体存在大量割伤，割伤是凶器划过的伤痕，因此难以推断凶器的形状。

对法医而言，"通过尸体的损伤来推断凶器"亦是重要的职责之一。

那么，对这起案件，该作何结论呢？

起初我认为，这似乎是"多人持不同凶器袭击死者"的案件。

我一边这么想，一边触摸死者的头部。

死者头发较长，即便拨开其头发，也看不太清楚其头皮上的损伤，再加上死者的头发沾满了血，进一步提高了观察的难度。但对验尸工作而言，触摸和观察死者头部是不可或缺的环节。

在这过程中，身旁的警官问道："您认为凶器是什么？凶手的背景和样貌是？……"

我刚想回答"是多人作案"。

可就在那时，我的指尖感到一阵痛楚。

一看，一片极小的玻璃碎片刺在了我手指上。这突如其来的疼痛，让我到嘴边的话一下子咽了下去。

"这个嘛……"

我一边争取时间，一边在脑中整理答案。

"啤酒瓶。"

"单独作案。"

我最终如此答道。

那名警官很是吃惊，似乎没想到我仅凭验尸就能获得如此丰富的信息。

下面揭晓我的推理过程。

凶手拿着啤酒瓶，朝着死者头部一下子砸了下去，且下手极重，结果啤酒较粗的瓶身部分粉碎，而凶手握着的较细的瓶颈部分还在其手中。

死者由于脑震荡而当场失去意识，以仰卧姿势倒在了路上。

此时凶手拿着前端不规则的瓶颈部分，持续刺划死者的脸。这导致死者面部每处创伤的形状皆不同。而在该过程中，瓶颈锐利的断面恰好刺中了死者的左侧颈部，造成了死者的致命伤。

警方势必调查过案发现场，也应该发现了散落在现场的啤酒瓶残骸和四散的血迹，再加上对死者和凶手身份的追查，因此对于案件的梗概，其实已经大致有数了。

前面提到过，像这类刑事案件，当法医完成验尸后，尸体一般会交到大学医学部那里，进行司法解剖。而对凶器的推定，最终也是负责解剖的执刀医生的任务。但作为法医，仅仅通过观察尸体，亦能获得不少关键信息。

"为何能获得如此丰富的信息⁈"

面对那名警官的感叹和疑惑，我感到当法医的不易。有时，警方的调查已经颇有眉目，但出于"试探法医有多少斤两"的目的，同在验尸现场的警官会问一些"故意刁难"的问题。而法医越是年轻，越是傲慢，就越容易上当。

"（死者）外伤形状各异，证明凶器很可能是断裂的啤酒瓶。毕竟我当法医可不是一年两年了。"

我如此笑着回答，并完成了验尸工作。心中则暗爽——"（自己）答得漂亮！"

不久后，该案的凶手被抓获。凶手是某个暴力团伙的"小弟"，而死者是带他的"大哥"。由于平时一直受到"大哥"的冷遇，因此凶手心生怨恨，于是趁"大哥"喝醉后独自在暗处晃晃悠悠时，突然对其发动袭击。虽然凶手作案动机源于怨恨，但在具体实施时，由于害怕"大哥"逆袭，因此为了自保而一个劲儿地刺划死者。可见，这是我在前面讲到的"连捅多刀"类案件的典型——凶手往往是弱者，而被害人往往是强者。

总之，上述案件乍一看似乎是多人作案，结果却是单独作案。

案例 2：位于市中心的尸块，让我误以为是"组织型犯罪"

还有一起案件，我起初以为是"有组织的多人作案"，可结果却是单独作案。

2006 年 12 月中旬，正值人们忙碌的年终时节。在被称为"日本顶级娱乐场所聚集地"的东京新宿歌舞伎町的里弄，发现了装有死人躯干部分的塑料袋。

经司法解剖，断定死者为中年男子。可由于既缺少手脚部分，也没有头颅部分，因此既无法获取死者的指纹，也无法得知死者的长相，从而使死者身份成谜。

此外，躯干部分并无与死因相关联的异常，这导致死因亦不明。

在这样的情况下，自然更不用提"推断凶手背景和样貌"之类的作业了，可各媒体依然打着"死因是什么？""凶手是何人？"等标题，对该案件大肆报道。

当时，我自然也不断受到媒体的这类提问。

对于该案件，既然死者的躯干部分不存在与死因相关联的异常现象，则死因不是在颈部，就是在头部。如果是在颈部，则一般是"勒死"之类，而在这种情况下，其颈部势必有压迫痕迹。

在这种情况下，哪怕找不到尸体的头部，其躯干部分亦有窒息而死的痕迹——比如支气管和肺部的淤血及溢血点等。而负责司法解剖的医生想必没有在死者躯干中发现上述特征，因此否定了"由颈部压迫导致窒息死亡"的可能性。

另一种可能是"死于颈动脉被切断"。在这种情况下，死者会大量失血，因此其躯干部分的内脏势必会呈现贫血现象。而负责司法解剖的医生亦未发现该现象，所以这种死因也被排除。

按照消除法，死因就只剩"头部外伤"了。

接着推断凶手的身份和样貌。按照我之前的理论，杀人分尸案的作案人多为女性。但纵观该案件，凶手竟把死者躯干扔在大都会的市中心，可谓相当大胆和狂妄，因此可以排除女性作案的可能。从另一个角度看，该案件颇有"杀鸡儆猴"的意味，似乎是在警告一些人——"胆敢出卖同伙，就是这个下场！"

　　鉴于此，我认为这是"组织型犯罪"。

　　此外，我觉得作案人还有对警方的挑衅情绪。为了确定死者身份，警方一般会先采集指纹，假如死者有被拘留史或案底，警方的指纹库系统就会存有相关信息，因此只要一查询比对，便知其身份。

　　而通过照片和牙齿特征，亦能确定死者身份。

　　再看此案，信息量较大的死者面部、手脚（指纹）都缺失，只有躯干部分，这使确认其身份的难度大幅增加。这或许就是凶手打的算盘——"光靠躯干部分，破不了案吧"。

　　而在我看来，这点也恰恰证明了此案很可能是"胆大包天、极度嚣张"的组织所为。

　　在上电视台的相关专题节目时，我对节目编导阐述了上述意见。由于我没有看后来制作剪辑完成并播放的那一期节目，所以不清楚我的话有多少被采用了，但当时在面对镜头时，我提出的主旨很明确——"（此案）属于组织型犯罪，而非女性所为。"

可在数日后，在离新宿不太远的涩谷繁华街区发现了上述死者的手脚，且在离东京市中心相当远的一个郊外车站附近发现了死者的头颅。

于是死者的身份和凶手很快就被查明了，其结果震惊了当时整个日本社会。死者是新晋商务人士，而凶手竟是他的妻子。

我的推断完全错了。

据凶手供述，其丈夫生前有情妇，且不断对她实施家庭暴力，导致夫妻关系严重破裂。

一天晚上，凶手（妻子）实在想不通，就拿着装有葡萄酒的酒瓶，将熟睡中的丈夫活活敲死。然后她清空衣橱，并把衣橱放倒，倒入买来的盆栽用土，然后在"土基"上分尸。分尸完毕后，她先是把丈夫的躯干塞到旅行箱中，坐出租车前往歌舞伎町抛弃；接着把丈夫的手脚塞到旅行箱中，拉着旅行箱走到涩谷抛弃；最后把丈夫的头颅放到手提包中，乘电车到郊外抛弃。实在是令人发指的惊人举动。

"一个弱女子，能做到这个地步?!"此案破获后，这是我被问得最多的一个问题。

正如前述，凶手杀夫后，不想被警察抓到，因此不能把尸体留在家中太久。可一个大男人的尸体太重，而且整具抛尸也太显眼，容易中途被人发现。为了搬运、抛尸方便，分尸是唯一选择。弱女子也好，独自一人也好，如果不这么做，自己的罪行就会败露，于是激发出"危机时的瞬间爆发力"，一不做二不休。

我平时一直主张"杀人分尸案多为女性所为"，对于此案，我如果能"保持初心、坚持观点"就好了。可鉴于"弃尸于市中心"这种大胆的举动，让我转而考虑"组织型犯罪"的可能性。

关于凶手的作案动机，自然是源于怨恨。而至于她为何将死者的躯干"堂而皇之"地弃于大都会的市中心，现在答案就很清楚了——因为缺乏私家车之类机动灵活的交通工具。换言之，凶手的大胆举动并非缘于冷酷的性格，而仅仅是因为没有私家车和帮手的无奈之举。

所以她才会坐出租、乘电车，甚至步行去抛尸。而在丈夫死后，她一直维持着"丈夫依然活着"的假象，包括在邮件中提及与丈夫的日常生活等。并且为了去除屋内的尸臭，她在大冬天让门窗一直全开，还改变了室内的装潢……这一切皆是为了掩盖罪行。

对于这样的恶性案件，人们一般认为应该"有共犯存在"，可实际上往往是单独作案。此案便是典型——不但是单独作案，且凶手就是死者的妻子。

前面讲过，基于我的法医学知识和实际经验，杀人分尸多为女性所为。对于此案，假如我坚持自己的观点，就能得出正确推断。无奈案件表象过于"胆大包天"，这让我陷入了误区。

"单独作案还是多人作案？"前面讲过，对于该问题，要将理论知识和实际经验相结合，方能思考出较为正确的结论。而上述案件让我再次深刻认识到，推断"单独作案还是多人作案"实属不易。

案例3：推撞练习时的突然死亡

有一桩案件，很难判断凶手是谁，也很难判断其究竟是"单独作案还是多人作案"。

一具尸体有多处擦伤和撞击伤，死因却被定性为病死。死者家属对此无法接受，于是该事件被媒体大肆报道。

死者是年轻的相扑手，在进行相扑的传统练习项目"推撞练习"时突然死亡。其全身遍布程度相当严重的擦伤和撞击伤，可前去调查的警官认为这是激烈的练习所致，死者有该程度的外伤亦不奇怪。负责本案的医生于是开具了"（死者死于）急性心脏衰竭，属于病死"的死亡诊断书。

鉴于现场情况，可知死者死于运动练习过程中，因此不属于刑事案件。

这应该就是上述警官的判断依据。

可问题在于，该警官未能审视事件的整个过程。该案的死者属于职业运动员，拥有优于常人的体格，却在练习时突然死亡。在场的有领队、教练和他的前辈，他们是否有逼迫死者持续严酷训练的嫌疑？想必不少人都会心生类似的疑问。尤其是死者家属，事发时，他们并不在现场，而要他们轻易接受"死者突然发病而亡"的结论，显然不太可能。

在我个人看来，警方在处理该案时，并未站在死者的立场上。

哪怕负责查看现场的警官们认为死者是单纯死于急病，做出了"不具备刑事特征"的判断，警方高层也应该分析事件的来龙去脉，谨慎得出结论。由于事发于练习过程中，因此以领队为首的管理人员皆负有不同程度的责任，且这种突然死亡令人不安，社会影响较大，所以进行司法解剖较为合适。

事发次日，死者遗体被送到其位于外地的老家，其父母见到自己孩子遗体上的伤痕后大为震惊，于是亲自去委托大学的医学部实施解剖。这既不属于司法解剖，也不属于行政解剖，而是死者家属主动申请的"应允解剖"。

解剖结果证明，死者并非死于急病，而是死于外伤性休克（外因死亡），这使得坊间哗然。

对于该案件，我认为是"缺乏法医制度地区的典型悲剧"。警官全力调查，医生专心诊断，各负责人都做好了自己的本职工作，看起来似乎并无不妥，但其实不然，因为他们忘记了重要的"基本原则"。

查看现场、查验尸体是为了什么？自不必说，当然是为了保护死者的人权，进而维持整个社会的秩序。

调查工作合乎规章，医生诊断也按部就班，但是否有"自扫门前雪"之嫌呢？是否把死者的人权抛到脑后了呢？在我看来，这种做法就好比是"只见树木，不见森林"。

换言之，由于只顾"忠于职守"，局限于自己的分内工作，因而忽视了事件的全貌。

对于上述案件，一开始就应该进行司法调查和司法解剖，这样便能及时发现与"推撞练习"不相关部位的外伤，以及不属于"推撞练习"所致的损伤。

此外，亦能推定造成死者死亡的"暴力行为致命伤"所在，以及是一人还是多人所为。

案例4：4名护士的罪行

凶案一旦有共犯存在，尤其在多名共犯的情况下，有时会在数年后真相大白。

有4名护士，她们毕业于同一所护士学校，且毕业后在同一地区的医院上班。

其中二人已婚但无子，且与丈夫分居。

4人中最年长的"前辈"是该小团体的"主心骨"。有一天，她对已婚的二人说："你们的老公居然来勾引我，真是无可救药的渣男，干脆给他们买保险，然后杀掉他们得了。"

就这样，在她的唆使下，4人决定实施谋杀。而且不愧是医护人员，其手段着实"巧妙"。

其中一人的丈夫嗜酒，她们就在酒里掺安眠药，诱他喝下。待其睡着后，她们顺着他的喉咙插入胃管，然后用针筒向里面注入高度威士忌，整整 1 瓶威士忌的量。她们的目的很明确——制造死者急性酒精中毒死亡的假象。

可结果被害人酒力太强，居然死不了。眼看天要亮了，4 人感到焦急，害怕实施的"完美犯罪"失败，于是采取另一种手段。

4 人又用针筒，往被害人的静脉中注射空气。空气进入脑血管后，会引发与脑梗死类似的症状。显然她们是在"运用"自己的专业知识。果不其然，被害人顿时陷入病危状态，于是被送到医院。没过多久，就如她们所愿，被害人不治身亡。

经手的医生说："这属于非正常死亡，需要告知警方。"而 4 人反对道："我们自始至终在看护他，对情况完全掌握，他是因为喝太多导致的急性死亡，不是非正常死亡，用不着通知警方。"但医生依然坚持，最终尸体被送去查验。

如今根据留下的资料，可知当时负责验尸的人通过 CT 扫描，发现死者的脑血管中混有空气。然而不知为何，死者最终被诊断为"内因性死亡"，具体死因是"急性心脏衰竭"。

人不管得什么病，都不会出现血管混有空气的情况。一旦有，不是被人故意用针筒注入，就是静脉较粗的部分被切开所致。后者的原理在于，由于一部分静脉血要回流到心脏（静脉回心血），因此存在静脉压，而当静脉较粗的部分被切开后，切口会暴露在空气中，从而吸入外界空气，导致空气进入血管。

在验尸时不仔细确认死者身上是否有注射器造成的针眼以及其他创伤，并对脑血管中混有空气的异常现象视而不见，就轻易地得出"急性心脏衰竭"的诊断结论，实属违背医学常理的行为。

于是，顺利得手、尝到甜头的上述 4 人在一段时间后，又对另一人的丈夫如法炮制。

可这第 2 名被害人的酒力也不小，因此第 1 种手段亦告失败。

而上次的被害人尸体在 CT 扫描后，其脑血管混有空气的事实被发现，险些导致她们的罪行败露，所以这次她们选择注射水。

被注射了水后，被害人最终陷入病危状态，于是被送到医院，不久后不治身亡。换言之，她们的杀人计划又成功了。

虽然在警察的监督下进行了验尸，但最终结论仍以"病死"而画上句号。

人的血管内如果被注入大量水，其血液浓度就会被稀释，导致红细胞出现溶血现象，从而丧失氧交换的能力，其结果就像失血过多那样，致人死亡。

一般来说，由于人的凝血功能，注射器造成的针眼创面出血很快就会止住。但在上述情况中，因为红细胞出现了溶血现象，导致血液难以凝固，所以针眼创面会渗出较多的血。按常理说，法医应该察觉这种异常现象，且应该感到奇怪才对。

可不知为何，该被害人也被定性为"病死"。

纵观这两起案件，其实凶手的手法并不算精妙，甚至可以说粗糙，可负责验尸的医生实际经验不足，导致其未能识破凶手的花招，最终认定两名被害人都是"病死"，可谓完全如凶手所愿。

两年后，由于 4 人发生内讧，关系破裂，案件才真相大白。

可两具尸体早已火化成灰，导致关键证据不足。

不过归功于警察的努力调查，后来还是掌握了 4 人作案的充分证据。最终，一名主犯被判死刑，至于剩下的 3 人，有的被判处无期徒刑，有的被判处 17 年有期徒刑……

总之，4 名医护人员利用自身的专业知识和技能，合伙犯下两桩命案，可谓令人发指。

恶用医学知识的案件

凶手是否有共犯？

搞清该问题，是破案的关键之一。

既有替"老大"担罪自首的"小弟"，也有"拿人钱财，替人消灾"的杀手。有时，虽然抓获了实施犯罪的凶手，但在其背后指使的"主犯"仍未浮出水面，因此调查行动必须慎之又慎。

纵观从医人员、医护人员作案的案例，多为单独作案。像上述这种"4名护士联手，一再实施杀人"的案件较为少见。凡是医疗工作者，皆应一心致力于救死扶伤。可有的人居然将学到的专业医疗知识和技能恶用于杀人害人。

这就好比"警察实施偷窃""消防员实施纵火"……或者说比这样的行为更加恶劣，实在万恶不赦。此外，对于上述案件，4人之中居然没有一个人提出反对，没有一个人规劝"悬崖勒马"，这也着实令人感到痛心遗憾。

第 5 章

"为何"（动机）

——凶手为何杀害死者？

为何被杀？

凶手为何杀害死者？

即"作案动机为何"？

但一般来说，通过验尸推断该问题，似乎有点太过遥远。

这里再强调一下，所谓"验尸"，归根结底是"为警方调查案件所提供的医学方面的协助"。"调查"和"验尸"的具体区别如下。

警方接到报案后出警，围绕"何时""何地""何人"等问题，查看现场和尸体，这便是"调查"，其判断的核心基于拥护人权的法律。

而之后被警方叫来的法医则负责弄清死者的"医学死因"，这便是"验尸"，其判断的核心基于医学知识。

为了正确处理案件，警方会基于案发现场，展开一系列细致的调查工作。对于命案，警方想搞清楚的第一个问题通常是："死者是'被人所害'还是'单纯病死'？"

所以法医在验尸时，在场的警官头一个会问的问题往往是："（死者）死因是什么？"

如果尸体有可见的明显致命伤，则其死因较易判断。可如果尸体无可见外伤，就必须通过解剖来探明其死因了。

警官会对法医问的第二个问题要数"死者在何时被杀？"，即本书的"8个依据"中的"第一问"。

如果尸体有外伤，那么警官还会问法医："成伤器（凶器）是什么？"

而在问遍上述问题后，作为总结，警官往往会问法医："您认为凶手的样貌和背景是怎样的？"

所以说，作为本书中心思想的"8个依据"，其实是总结了"警官对法医提出的常见问题"。

本章的主题"为何"（动机），虽然在分析犯罪行为时至关重要，但在警方的调查流程中，其优先度却很低，属于"常常被推后"的问题。

原因很简单——比起"查明动机"，"查明真凶"更加刻不容缓。

鉴于此，我想在此为"作案动机"的重要性"正名"，阐述一下我个人的意见。

凡是凶案，皆有动机。

而纵观具体动机，涉及金钱、感情问题等的怨恨占了大半。剩下的则不外乎"入室杀人盗窃""奸杀女性儿童"等，这些虽然与怨恨无关，但凶手作案的动机和目的十分明确。

可如今，动机并不明确的凶案却在逐渐增加。比如"随机袭击路人"的砍杀事件，被抓获的凶手中，有的坦言"只是想随便杀几个人""只是想体验杀人的感觉"，有的甚至会反问警察："杀人为什么是坏事？"在我任职于东京监察医务院的昭和年代，几乎没有过这样的案件，因此这可谓平成年代的"凶案特色"之一。

显然，由于凶手没有明确动机，因此其与被害人的联系较为薄弱，这导致许多类似案件至今未能侦破。换言之，凶手和被害人之间没有"接触点"，就无法"连点成线索"，而没有线索，要破案就极为困难。

那么，为何进入平成年代后，这种"无明确动机"的凶案就陡然增加了呢？其原因涉及多方面，可谓众说纷纭，但在我看来，其中的一大原因是"工业机械化所带来的过度便利"。

我生在昭和年代初期。当时，在寒冷的冬天，没有空调暖气，最多只能在火盆里烧炭或者钻被炉御寒，无法让整个房间保持温暖，所以主要还得靠忍耐。炎热的夏天亦如此，别说空调了，大部分家庭连电风扇都没有，大家大多只能在水桶里灌凉水，然后把脚放进去降温。洗衣服时也没有洗衣机，只能在衣服上打肥皂，然后用冷水，在搓衣板上使劲搓洗，这当然费时费力，但家人在彼此分担家务的协作过程中，也增进了互相之间的体谅和纽带。

反观如今，只要轻轻一按按钮，不管是烹饪还是洗衣，都能轻松搞定。这样的现代生活的确便利、富足、舒适。可由于做什么都不用费力气，因此人们逐渐失去忍耐力，也没有了努力和协作的精神。

因为不用与他人协作也能过活，所以人们越来越不懂如何妥善处理与他人的关系。这导致"和朋友闹僵""被他人欺负"之类的矛盾频发。有的学生在遭遇这样的矛盾时，就不想再去上学，可其父母往往会强迫其去上，从而导致学生开始逃避自己的家人，最终选择躲在自己的房间里。

哪怕一个人窝在房间里，因为有电视看，有电脑游戏玩，也能惬意地打发时间，完全不会无聊。换言之，现代人已日渐习惯"不求别人""自娱自乐"的生活方式。

而在这种习惯的影响下，人从学校毕业、步入社会后，既难以与同事和谐相处，也难以融入社会，进而被排挤、被孤立，从而心生厌世情绪。随着这种负面情绪的不断升级，人就会开始憎恨身边的人，并对"不接纳自己"的这个社会产生不满。这种愤懑、怒火不断堆积，最终便会爆发。

上述负能量的螺旋叠加，是催生"随机砍杀陌生人"之类的恶性案件的根源。发达的工业机械化使人的物质方面变得无比富足，可精神方面却没有跟上。在我看来，这种"物质富足，精神贫乏"的失衡状态，正是酿成这类悲剧的主要原因。

由此可见，对这类凶案所谓"无明确动机"的定义，其实只是基于旁人的视角。换言之，凶手本人心中"积怨已久"，动机明确。

（这些凶手们）无视自身问题，一味责怪、憎恨社会。

再说得深远一点，我认为上述凶案是"时代所致"。我认为，若能聚焦于此，势必能预防和避免。

我坚信，让日本重拾"相互体谅"的美德，回归"知礼易居"的社会，绝非不可能。

至于"随着时代而大幅变化的作案动机"，除了上述这种"报复社会类"的凶案外，还有其他一些具有代表性的案件，现介绍如下。

案例 1：姘居者的动机

一名住院病人在一天早上去世了。一直陪在他身边的姘居者拜托主治医师道："您能把死亡时间改成傍晚吗？"由于该病人长期住院，因此医生对他"知根知底"，想想"死在早上或傍晚也没啥区别"，于是就同意了姘居者的请求，把死者的死亡时间写成了"傍晚"。

数月后，死者的房产接连被变卖。

死者亲戚对此十分惊讶——"二者明明只是姘居关系，（她）怎么会有权处理死者的财产？！"于是着手调查原因，得知该姘居者不知何时已成了死者的合法妻子。死者亲戚大为疑惑——"记得他俩根本没结过婚"，于是去查看相关户籍，结果发现二人确已登记结婚。

而结婚登记证上注明的结婚时间居然是死者死亡当天的中午。

死者亲戚知道死者死在当天早晨，于是对户籍管理人员责问道："他本人死后，你们怎么还能受理他的结婚登记申请呢?!"面对该质疑，户籍管理人员查了死者死亡证明上的死亡时间，结果是"当天傍晚"，于是回应死者亲戚道："当天中午我们受理了他们的结婚登记申请，然后男方在当天傍晚死亡，所以并无不合理之处。"

由此真相大白——姘居者拜托主治医师将死者的死亡时间改成"傍晚"后，便向户籍管理机关提交了与死者的结婚登记申请，因此从相关文件证明上看，等于是"二人婚后，丈夫去世"。

于是主治医师篡改死亡时间的事实败露，其被警方传唤。经过警方查证，主治医师犯了"诊断文件造假罪"，而死者的姘居者犯了"使用伪造私人文件罪""虚假记述公证书原件罪"等。

该案的医生或许是单纯"出于好意"才同意改动死者的死亡时间，可这份"好意"却造成了祸端，导致死者的遗产继承纷争。

该案的医生和死者的姘居者并非共谋关系，这使该案显得没有那么黑暗。对旁观者而言，也算是一种安慰。但由于该案件在当时实属罕见，因此被媒体大肆报道，使得医生的名声和信用一时一落千丈。

总之，该案件的动机是死者的姘居者"对金钱的欲望"，而主治医师则完全被利用了。

案例2：恳请难却

一名一度被誉为"日本未来新领导"的大牌政治家上吊自杀了。由于他还是某党派的党阀，因此隶属该党派的议员们觉得他自杀的消息负面作用太大，且会影响党派将来的发展，于是请求经手的医生开具"病死"诊断书。

起初医生以"违反行医法规"为由拒绝，可议员"不屈不挠"，执意劝说医生，还保证"一旦出事，我们会负责"。医生最终经不住这般恳请，开具了"心肌梗死"的死亡诊断书。

但要知道，凡是关乎诊断书的责任，皆由开具的医生担负。不管是大牌政治家还是议员，都无法为其担责。

上述涉事人员的心情和诉求不难理解，但他们对该行为的"犯罪性质"意识薄弱。他们或许以为"死亡诊断书只是写有死者死因的书面文件而已"，可这大错特错。

死亡诊断书是抹除死者户籍的关键依据性文件，且与遗产继承、保险赔付等各种权利和赔偿相关，故其在法制社会中充当着极为重要的角色。因此在死亡诊断书上作假不仅不道德，而且会受到法律制裁。

其实，在对公众宣布上述大牌政治家的死因时，大可谎称"其死于心肌梗死"，这完全没问题。可让医生在死亡诊断书这种具有法律效力的正式文件上作假，就触及了原则的"红线"。

结果，涉事的 3 人皆被警方传唤，请求医生开具虚假死亡诊断书的议员犯了"唆使伪造私人文件罪"，医生犯了"诊断文件造假罪"，向户籍机关提交虚假死亡诊断书的秘书犯了"使用伪造私人文件罪"。

总之，该案件的动机是"面子和形象"，可谓当局者迷。

案例 3：试图靠"装死"逃过法律惩罚

有一个人，出于"想免于刑事处罚"的自私动机，做出了令人大跌眼镜的荒唐之举。

事情发生在 1973 年。当事人因"车辆保险金欺诈"被判处 2 年 6 个月的有期徒刑。他有个熟悉的医生，平时经常去找那名医生看病。而他为了逃避惩罚，居然冒用那名医生的名义，为自己制造了"脑溢血死在家中"的假象。

他实现此举的手段令人匪夷所思——自己给自己开具了假的死亡诊断书。

在日本，一旦孩子出生，其父母就要给其起名，并在 2 周内向辖内区政府申告。区政府受理申告后，孩子就有了日本户籍，从而受到日本宪法等各种法律的保护。

反之，人一旦死亡，医生就会开具死亡诊断书（或死亡证明），而死者家属必须在 7 天内将其提交至辖内区政府的户籍管理机关。一经受理，户籍管理机关便会开具"火化下葬许可证"，这样死者家属才能举办葬礼，且辖内区政府会依据该死亡诊断书，抹除死者的户籍。至此，死者活着时享有的权利一并消失，而其拥有的财产和保险金等则归其继承人所有。

而在上述案件中，当事人出于"不想坐牢"的目的，自己伪造了自己的死亡诊断书，并让其妻子交到户籍管理机关。当时经手的办事员看到死亡诊断书的记述和格式无误，就受理了，于是当事人的户籍被抹除。

如此一来，当事人在户籍上已经消失，因此相关的刑事处罚也不存在了，可实际上他本人还活着。在过了两年半四处躲藏的逃亡生活后，其活着的真相终于暴露，于是被警方逮捕。

一个普通人，伪造了自己的死亡诊断书。虽然本人其实还活着，但利用"死亡"销户就能免受刑事处罚。这种"狡猾之人的狡猾之举"实属罕见。

案例 4：所谓"无心之过"

下面要介绍的案件明显是"无心之过"，但毕竟致人死亡，所以不是一句"非故意"就能了事的。

2004 年 12 月 17 日，一名剖腹产的孕妇（29 岁）因失血过多而死亡，而孩子平安出生。

如果是自然分娩，则孕妇的胎盘（维系母体与胎儿的基础）也会正常剥离。而由于上述孕妇的胎盘顽固地粘连在她的子宫处，因此无法剥离，这使医生只得用手和剪刀去剥离，可结果导致孕妇大量出血。无奈之下，医生只好一边为其输血，一边实施子宫摘除手术，然而孕妇还是不幸殒命。

也许是因为孕妇死在治疗和施救过程中，所以负责的主治医生并未视其为"非正常死亡"，自然也压根儿没想到要去通知警方。

这听起来似乎"符合一般常识",可其实只是该医生的"鲁莽独断"而已。若从死者家属的立场考虑,则这完全属于"入院分娩过程中的突然死亡"。

于是自不必说,死者家属心生怀疑,认为这很可能是"非正常死亡"。而这亦体现了一个道理——主治医生不应自我判断自身行为的是非,而应由公正客观的第三方来判断。

后来,检察官以"主治医生未将死者'异常死亡'的事实告知警方"为由,认定其违反了日本《医疗事故及医生法规》第21条(医生报告异常死亡等情况的义务)的规定,故以"从业过失致死"和"违反医生法规"的罪名,将其逮捕。

对此,医生协会当时予以激烈反对。协会的抗议理由和表态可归纳为两点:(1)如果只基于结果的严重性来追究医生的刑事责任,则医生们难免采取"回避必要治疗手段"以求自保;(2)如果明明属于"非过失性不可抗力"而导致的患者死亡,却仍然要逮捕负责的医生,则医生们便无法提供合理的医疗服务。

对于此案，检察官提出了"监禁 1 年，罚款 10 万日元"的量刑要求，但福岛地方法院却在 2008 年 8 月 20 日宣判被告医生无罪。

检察官认为，主治医生在发现孕妇胎盘粘连时，就应该停止剥离操作，立即转而进行子宫摘除手术。而主治医生的律师则反驳道，继续剥离胎盘是合乎医学标准的操作。

而在做出判决的法官看来，虽然主治医生原本的确可以"及时终止剥离，转而摘除子宫"，但这在当时并未写入相关的"医疗行为标准规范"，因此主治医生"继续进行剥离"的操作并不违规。

而检察官的另一个诉求是，主治医生强行剥离胎盘的操作属于医疗过失，故该孕妇应归为"非正常死亡"，可主治医生却未告知警方，因此其违反了日本《医疗事故及医生法规》第 21 条的规定。对此，主治医生的律师则反驳道，由于主治医生并无过失，因此自然不会判断孕妇为"非正常死亡"，当然也没有通知警方。

而做出判决的法官认为主治医生实施了"不存在过失的治疗行为",虽然孕妇不幸死去,但不可归为"非正常死亡",所以本案的被告医生无罪。

这起案件的情况非常复杂。有的人也许认为这属于专业的医疗行为范畴,尤其是像外科手术这样的高难度治疗手段,让法律介入主刀医生个人的判断和技术层面,并"定其善恶",似乎欠妥。可毕竟事关人命,法律介入还是必要的。

不管怎么说,患者在接受治疗的过程中突然死亡,如果以主治医生和院方"无过失"为由,不向警方报告异常死亡等情况(基于《医疗事故及医生法规》第21条),我觉得还是不合理。以上述案件为例,在孕妇家属看来,其当初入院时并非绝症或病危情况,只是生孩子而已,却在分娩过程中突然死亡,这自然让人难以接受,也势必会怀疑院方"搞不好有什么过失"。

为了杜绝"主治医生和院方为了逃避过失责任

而隐瞒真相"之类的怀疑和误会，我觉得应该委托公正客观的第三方机构来做出判断。

鉴于此，我主张将现行的《医疗事故及医生法规》第 21 条的内容（对于死者或妊娠 4 个月以上的死婴，医生在发现其死因存在异常时，必须在 24 小时内告知所属辖区内的警察署）改为"对于诊察超过 24 小时的患者，如果其死于内因（病死），则医生有权开具死亡诊断书。而在除此之外的所有情况下，死者皆被归类为'非正常死亡'，医生必须在 24 小时内告知所属辖区内的警察署"。

比如，初诊的患者被救护车送到医院，不久后在意识不清的状态下死亡。陪同的家属解释道："（患者）平时就有高血压，经常去看病，这应该就是他的死因。"于是经手的医生轻易排除了"非正常死亡"的可能性，"爽快地"开具了"脑出血（病死）"的死亡诊断书。而基于现行的《医疗事故及医生法规》第 21 条，该医生的行为并未违规。

可如果医生在实际中都如此处理，就会让"毒杀"案件成为"漏网之鱼"。所以说，为了尽量保护死者的人权，我建议"除了诊察超过 24 小时的患者的内因死（病死）之外，医生都必须以'非正常死亡'的方式处理，在 24 小时内告知警方"。

想必有不少医生会对此表示反对，但纵观医疗行为，即便完全遵照教科书，即便治疗过程"滴水不漏，毫无差错"，有时患者仍然会死亡。在这种情况下，虽说医生不存在过失，但患者死亡是不争的事实。若能基于"无过失类责任"之类的定性方式，从而导入"向死者家属支付慰问金"等制度，则亦不失为一种解决方案。由此可见，针对"患者在接受治疗过程中突然死亡"之类的情况，确立相应的措施和制度可谓刻不容缓。

此外，为了消除"医生彼此包庇，得出对自身有利结论"之类的担忧和怀疑，我觉得应该让多名属于第三方机构的专家参与鉴定。

换言之，鉴定人既不应听检察官的，也不应听被告医生的，而只需倾听"尸体的倾诉和告发"，从中找出真相即可。

医疗行为的初衷是"救死扶伤"，虽然在治疗过程中可能会出现患者死亡的情况，但这归根结底只是"事故"，没有医生愿意这样的事情发生。

可一旦这样的事故发生，对患者家属而言，毕竟是失去了亲人，因此难免怀疑"治疗过程中是否存在问题"，故而很难处理。而在我看来，立即追究刑事责任亦欠妥，应该在一开始就召集医学专家、法律专家和相关有识之士，开展公正客观的讨论。

就像我开头所说，这属于"无心之过"，医生并不存在"杀人动机"。

但为了做出公正的判断，必须有法可依、有法必依。这才是对死者人权的真正保护。

案例5：为了骗保而实施的恶毒手段

在埼玉县本庄市，发生过一起罕见的案件。

案件可大致概括如下。

作案人故意给被害人上了超过1亿日元的巨额保

险，然后每晚将其灌醉，还把感冒药谎称为"营养剂"，骗其持续大量服下，并等待其死亡。可谓凶残毒辣。

而且具体实施作案的是 3 名女性，她们互相展开"竞争"，争着害死被害人。

被害人死后，相关的"谣传"逐渐扩散，于是警方传唤了具有"主谋嫌疑"的 1 名男子，向其询问了相关情况。可该男子毫不胆怯，居然还把闻讯而来的各媒体记者当成客人，请到他自己经营的酒吧里。

当时，一些电视台也前去采访，每家电视台的编导、摄像师和收音师为 1 组，进酒吧点单消费，然后围着 1 张桌子坐下。酒吧并不大，所以有个 5 到 6 组就客满了。接着该男子便宣布"记者招待会"开始。

"我根本没有给别人下毒。"

他以夸张的口气和表情，充满自信地如此发誓道。对于他的恶行，有传言说他之前就害死过人，可当时一切真相还未大白，因此其上述"记者招待会"的情景连续好几天都被各电视台集中报道。

再说回被害人，其起初虽然日渐衰弱，但还不至于死亡。由于其嗜酒，因此心中毫无怀疑，每晚依然醉生梦死。

感冒药并非毒药，因此让被害人服感冒药并不属于"毒杀"。即便日后验尸解剖，最多检测出感冒药成分，但绝无毒物。

该男子之所以在"记者招待会"上信誓旦旦，原因就在于此。

但药唯有适量才能治病，倘若大量服用，严重的会导致"心脏、呼吸骤停"等致命副作用。

作案人熟知这点，因此实属"情节恶劣"。

至于其作案动机，则是"骗取巨额保险赔付金"。

该作案手段的确巧妙、狡猾，志在"瞒天过海"，可实际却事与愿违——被害人怎么都不死。由于每月都要支付相应保额，越是拖下去，作案人的经济负担越大。

结果具体实施作案的人实在按捺不住，最终用乌头毒死了被害人。

真可谓自作自受、罪有应得。

一切真相大白。

作案动机暗藏着终极"人性活剧"

沿着"何时""何处""何人""和谁一起""为何"的问题，顺藤摸瓜地追查案件，由此触及作案动机时，便能发现隐藏其中的终极"人性活剧"：被害人的人生因突然被害瞬间画上句号；认定"自己必须这么做"的加害人内心的纠葛。

有的动机似乎"可以理解"，有的动机似乎"不可理喻"，但无论出于何种动机，都不应该害人性命。

第 6 章

"杀害了谁"（死者）

——死者是谁？

被害人究竟是谁？

但凡凶案，必有被害人。

而尸体正是被害人。

对于案件的调查，往往最先基于所发现的死者（被害人），并始于确认死者身份（被害人究竟是谁）。尤其是凶案，凶手和被害人之间常常存在相当密切的关系，并伴有明确的动机。

因此，一旦确定了被害人的身份，弄清其人生经历及生活状况等，诸如"对其怀恨在心""因其死亡而出人头地""因其死亡而获得利益"之类的周围人物就会逐渐浮现。

此外，根据被害人的死因（如刺伤、勒死、毒杀等），亦能推理出凶手的特征。

正如前述，当女性试图杀害男性时，由于无力正面袭击（搞不好还会被反击），于是会倾向于"先在其酒中掺入安眠药等药物"，待其睡着而失去抵抗能力时，再对其下手。

像这样，通过详细调查被害人，凶手的特征便会浮现。

一名街头流浪汉自然死亡，通过警方调查，确认了其身份，于是联系其家属，可家属却拒绝前来认领遗体。类似的事情并不少，而警方也只能联系区政府，请区政府相关部门将其定性为"无家属认领的孤独死者"，并火化下葬。

可同样是街头流浪汉，如果死于交通事故，那情况就截然不同了——会有多人前来认领遗体，俨然一副"争先恐后、你争我抢"的架势。

这是因为有大额赔偿金，所以家属们如此主动。假如死者能看到这一幕，不知会作何感想。没办法，现实就是如此，让人笑不出来。

不过也有罕见的例外。

1962 年 5 月 3 日晚 9 时许，在常磐线三河岛车站附近，脱轨的货物列车与并行的电车擦碰，于是电车紧急制动。

　　该事故并未造成什么人员伤亡，可电车上的乘客们擅自打开车门，试图沿着铁轨走到最近的三河岛车站。可没过多久，对上述事故概不知情的另一班电车从反方向疾驰而来，瞬间将走在铁轨上的乘客悉数轧死，最后还与上述停着的电车相撞，导致电车脱轨翻倒。这一悲剧，一下子就夺去了160条性命。

　　验尸工作在混乱中开始。对于绝大部分尸体，起初根本无法辨认其身份，因此只得先编号。1周后，有赖警方的组织力，几乎所有死者的身份都确认了。

　　可在死者中，唯独有一人的身份一直不明。对于警方发布的死者认领启示，无人予以回应；而警方对其指纹、持有物品和照片等的调查亦无成果。据说，直至今日，该死者的身份依然成谜。

　　最后，其尸体只能以"无家属认领的孤独死者"的形式被处理掉。这在日本也算是极为罕见的案例了。

再介绍一种情况，在东京山手线，卧轨自杀事件时有发生。事发后，一般会按流程进行验尸，此时需要收集四处散落的尸体部位。由于列车的高速撞击，死者的骨片、肉片等往往四散，常常遍布铁路沿线数十米。而有的时候，会找不到死者的手脚。

我当法医时，也碰到过这种情况。于是只能先验尸，然后在验尸结果报告（相当于临床医生的病历）上写明"死者手脚缺失"。可过了一段时间后，死者的手脚往往会在品川电车区（如今的"东京综合车辆中心"）被发现。

为什么是品川？因为在东京都内营运的山手线电车，每隔3个月都要去品川电车区接受检修。届时，相关工作人员会钻到车厢下面去检查，于是便发现了粘在车底、已"干尸化"的死者手脚等。

人体各部位中，其实手脚体积不算大，重量也较轻。一旦被飞驰而来的电车轧到，其往往会折断飞散。而电车车底往往有大量机械润滑油等物质，因此折断四散的手脚很容易附着在车底。再加上电车持续运行，车底温度较高，于是死者的手脚不久后便会干燥焦黑，待被发现时，早已"干尸化"。

被发现的死者手脚会交至警方，然后警方会进行检索。只要追溯监察医务院 3 个月之前的验尸结果报告，查询包含"死者手脚缺失"的记录，就很容易确认手脚的"主人"。

可如果涉事电车营运于东京都外地区，由于没有相关的记录机制，因此手脚的"主人"往往就找不到了。前面也提到过，不管是验尸还是相应的信息记录，日本全国仍未有统一的规章和机制。

说到"身份成谜的死者"，我经手过这么一桩案子。

一艘渔船在太平洋上捕鱼，一条鲨鱼入网，船员拉起渔网，用刀对鲨鱼进行解体处理，结果发现鲨鱼胃里有一只人的右手。

于是船长联系了海上保安厅，接受了相关指示。

船长受命将该右手冷冻保存。1 个月后，渔船回港，然后他把这只右手交给了东京水上警察署（如今的东京湾岸警察署)。

调查过程中,警方为"弄清这只手的主人",找到了我这里。

于是我列明鉴定项目,继续深入调查。

既然右手在太平洋上被发现,则死者并不一定是日本人。鉴于此,必须推断出死者的人种、年龄、性别,以及"死者右手被切断时是否还活着"。

此外,还必须弄清死者的死亡时间、血型、死因及职业等信息。

通过 X 光照片,我将该右手的骨头性状、长度等与既有标准参照数据(包括年龄、性别和人种等)进行比对,发现该死者应该是 50 岁左右的日本男性。加上其指纹的涡状纹(圆圈状纹路)较多,因此更增大了其为东方人的可能性。

又因为右手断裂处的韧带组织并无出血迹象,所以可判断"死者死后,其右手才被鲨鱼咬断"。由此可知,该右手被船员发现时,其大约在鲨鱼胃里"待了"一到两天。而且该右手的血管肥厚、掌面皮肤厚实，似乎是体力劳动者的手。可至于死因，则很难仅凭右手推断了。

我的调查分析便止于此。最后，该右手"主人"的身份依然不明，自然也没有家属来认领。直至今日，这只手还浸泡在福尔马林里，放置在我之前工作的监察医务院内。

可见，如果"死者身份不明"，则案件调查往往会搁浅。

案例 1：杀谁都无所谓

正如前述，在当今日本社会，凶手和被害人之间毫无瓜葛的案件逐渐增多。

2008 年 6 月 8 日，在东京秋叶原的步行商街，一辆汽车先是横冲直撞，撞倒数人，然后驾驶员下车，手持匕首，一边跑动，一边随机捅杀路人。这起恶性案件最终造成 7 人死亡、10 人受伤。

当时，各电视台不断滚动播放凶手行凶的现场画面，我看了后揪心不已。因为我发现，一些被袭

175

者的白衬衣被血染成了鲜红色。

　　人因外伤而出血时，其颜色可分为"鲜红"和"暗红"。前者证明伤者是动脉出血，后者证明伤者是静脉出血，且前者死亡的危险性要大于后者。静脉血在失血二分之一（大约 2500 毫升）时才会危及生命，而动脉血在失血四分之一（大约 1200 毫升）时就会致死，因此必须立即救治。可在上述案件中，对于被袭者的救治，并没有那么迅速及时。

　　凶手在行凶过程中当场被抓。凶手为 25 岁男性，沉溺于虚拟的游戏世界。在作案前，他还在手机版网络论坛发帖，宣布"我要去秋叶原杀人/我会先开车撞，等车用不了了，我就接着下车捅人"。

　　之后在审判阶段，凶手坦言"自己小时候受到生母的虐待"。可不管怎样，他的行凶动机源于其"以自我为中心"的极端思想，可谓这个时代独有的暴行。

　　换言之，对该凶手而言，杀谁都无所谓，属于"随机砍杀陌生人"案件的典型。

对被害的死者而言，自己仅此一次的人生被迫如此画上句号，当然让人死不瞑目。而无论凶手多么以自我为中心，势必多少也明白"人命无价"的道理。

问题在于，这类凶案的凶手除了自己之外，往往对其他任何人都充满憎恶。对此，不可忽视的是"时代背景"。法医学亦是社会医学，而从社会的角度分析可知，犯罪行为可谓"时代的产物"。以这类案件为例，凶手平时对社会的愤懑日积月累，有一天最终爆发，于是便发生了"随机砍杀陌生人"案件。这与其说是个体的问题，不如说是全体日本人乃至整个人类社会必须思考和纠正的问题。

上述案件本不应发生，但在我看来，凶手"杀谁都无所谓"的态度，恰恰映照了社会的病态。今后，类似案件搞不好还会增多。

案例 2：兴奋剂中毒导致的妄想杀人

下面要介绍的两个案例都属于"错杀"。换言之，被害人并非凶手真心想杀的对象。

1981 年，在位于东京平民区的繁华街，且还是光天化日之下，居然有人手持柳叶形菜刀，捅杀与其擦身而过的行人，最终导致 4 人死亡。

凶手被逮捕，男性，29 岁，无业。他曾在一些餐饮店打工，但由于性格暴躁，没法在一个地方做久，于是换了一家又一家，最终没了工作。在这样的窘境中，他开始服用兴奋剂，而随着长期服用，他逐渐出现妄想症状。

那天，他走在路上，脑中突然冒出一种妄想——觉得擦肩而过的行人都要攻击他，于是决定"先下手为强"，便拿出随身持有的柳叶形菜刀，捅杀行人。

换言之，凶手杀人，是源于慢性兴奋剂中毒（菲洛本中毒）所致的"被害妄想"。对凶手而言，自己想杀的并非路上的行人，而是"在妄想中出现的攻击者"。

话虽如此，对死去的被害人而言，与自己毫无瓜葛的凶手，以"妄想所致"这种十分自私的理由，就夺去了自己的生命，实在太冤。

案例3：梦境审判

该案件与上述案件类似。一名男子感到有暴徒在袭击他，于是拼死反抗，誓要干掉对方。在听到惨叫后，该男子惊醒了过来，结果发现自己正死死掐着妻子的脖子。

事后调查得知，该男子患有菲洛本中毒后遗症。

该男子因"伤害致死罪"被送上了法庭，可最终被判无罪。理由是"其伤人行为针对的是梦中出现的暴徒，而并非其妻子"。

可"杀意"这东西深藏在人心底，看不见摸不着。

法医学并不涉及该领域，所以我不懂也心安理得。可法官却必须做出公正合理的裁决，这也的确挺不容易的。

但一想到被当成"梦中暴徒"而被自己丈夫活

活掐死的妻子，实在有种难以排遣的遗憾和痛心。

案例4：DNA 知道凶手是谁

被害人临死前经历了什么？

这亦是破案的关键要素之一。

此处，我会再次分析前面介绍过的"下山事件"。

前面提到，此案发生于 1949 年 7 月，当时还没有 DNA 鉴定技术。

时值日本战后的混乱期，时任国铁总裁的下山定则的尸体在常磐线绫濑车站附近被发现，且尸体已被火车轧断。

正如前述，其验尸结果为"自杀"，但之后的司法解剖发现，其轧断部位并无生活反应，这就意味着下山定则的身体是在其死后才被轧断的。换言之，有可能是他杀。

二战结束前，日本四处侵略，诸如库叶岛、朝鲜半岛、中国台湾地区、伪"满洲国"等地，都处于日本的统治之下。而在日本战败投降后，这些地方都被归还，而居住在这些地方的日本人也都回到日本。其中也包括大约 30 万"原殖民地"的公务员和国企员工。而日本本土一直有日本本土的公务员和国企员工，面对这多于本土总数的"外来"公务员和国企员工，政府无法为他们提供岗位，却仍要支付大量工资，成了财政不可承受之重。

对此，当时日本的实际统治者——美国占领军上将麦克阿瑟指派下山定则担任国铁的初代总裁，并命令他裁掉 10 万名国铁员工。自不必说，对此，国铁员工结成的工会拼死抗争。

这导致下山夹在麦克阿瑟和工会之间，苦闷抑郁。

在这样的背景下，下山的确具备充分的自杀动机。可另一方面，"失去饭碗的国铁员工对其心生怨恨，因而将其杀害"的可能性也完全存在。

当时，日本两大报纸《朝日新闻》和《每日新闻》对此案的观点截然相反。前者主张"他杀"，后者主张"自杀"，搞得此案在日本甚嚣尘上。而其争论的焦点之一，便是"血型识别"的问题。在发现其尸体的常磐线铁轨旁，有一间国铁的小储藏室。储藏室内的墙上有血迹。不仅如此，从该储藏室到尸体所在处，整整 24 米的列车下行轨道周围，皆有零散血迹。

主张"他杀"的一方认为，下山是在上述小储藏室内被刺杀，然后凶手拖着滴血的尸体，放置于距离小储藏室 24 米处的列车下行轨道上，让列车轧过尸体，从而制造被害人"卧轨自杀"的假象。小储藏室墙上和列车下行轨道周围血迹的血型皆为 A·M·Q 型（M、Q 为不同血型系统分类），而下山的血型亦为 A·M·Q 型，在主张"他杀"的一方看来，这便是证据。

可主张"自杀"的一方却对该证据予以直接批驳。他们认为，小储藏室的血迹可能是国铁员工的，列车下行轨道周围的血迹可能是乘客的，二者血型与下山的一致，只是纯粹的巧合而已。若仅凭这随机的"3 点"，就轻易"把它们连成线"，认定下山死于他杀，则"脑洞太大"。

由于当时缺乏比"血型"更精确的判断基准，因此双方"公说公有理，婆说婆有理"，陷入胶着状态，最后不了了之。

换成现在，通过 DNA 鉴定，便能轻易确定血迹的"主人"。但鉴于当时法医学的发展水平，这也是没办法的事。可不管怎么说，在上述案件中，至少已经出现了这种类似现代法医学的理念和尝试，即通过血迹，推断"被害人临死前经历了什么"，从而确定其是自杀还是他杀。

案例5：日本最早采用 DNA 鉴定的案件

作为"确定被害人或凶手身份"的重要手段，DNA 鉴定如今已在日本广泛应用，为破案做出了卓越贡献。

前段时间，由于 DNA 鉴定初期应用阶段的"低精度"而导致的一桩悲惨冤案终于被昭雪。而下面要介绍的，则是日本最早采用 DNA 鉴定的案件。

该案发生于 1990 年 2 月的东京。一名 38 岁的主妇被杀后分尸，其尸块在一个公园的树丛中被发现。第一目击者是一名初中生，当时看到一堆乌鸦聚在树丛中，其感到奇怪，便走近查看，结果发现树丛地面的泥土中露出了人的手。

不久后，作案嫌疑人便被抓获。嫌疑人是死者打零工的公司（一家缝制品厂）的社长。

死者是有夫之妇，可嫌疑人却对她起了色心，不断在上班时间对她进行性骚扰，比如从后面突然抱住她等等。无奈之下，她只得辞职。

而在一个休息日，嫌疑人联系死者，叫她"来领未结清的工资"。可她这一出门，便再无音讯。

根据上述情况，该公司的社长自然成了头号嫌疑人。警方对其进行搜查，结果发现缝制品厂里和他的面包车的脚垫上皆有血迹，且两处血迹皆为 A 型，与死者的血型一致。警方由此推定，嫌疑人应该是在厂里实施杀害并分尸，然后用面包车装载尸块，运到公园的树丛中掩埋。于是警方对嫌疑人展开了审问攻势。

可嫌疑人也不是"省油的灯"，反驳道："血型相同只是偶然罢了。"尤其是日本人的血型分布比例大小为 A 型>O 型>B 型>AB 型，具体比例为 4：3：2：1。换言之，四成日本人的血型是 A 型。

作为对策，警方暗地联系了相关大学，委托其实施 DNA 鉴定。

细胞核中有脱氧核糖核酸（DNA），脱氧核糖核酸中存有生物遗传信息，因此孩子会继承亲生父母的特征。由于这种遗传因子（基因）千差万别，因此可用于个体识别、亲子鉴定等领域。该技术的关键在于"如何读取 DNA 中的遗传信息"。为此，科学家通过加入限制酶，使 DNA 断片化，然后再借助电泳作用，便得到了类似条形码的基因序列。

可犯罪现场能够采集到的细胞（样本）极其有限，这让 DNA 鉴定变得极为困难。而 PCR 方法（聚合酶链式反应法）这项新技术的问世，使得通过特定的酶便能大量复制微量细胞样本中的 DNA。

有了这项技术，仅凭从犯罪现场采集的一滴血液、一根头发，亦能确定其"主人"。再说回上述案件，由于先有了"血型一致"的证据，后又有了"DNA 一致"的证据，因此警方确认推理无误，遂起诉嫌疑人，最终其罪名成立。

据嫌疑人后来的坦白，他当天把被害人叫到厂里后，试图强行与她发生肉体关系。可被害人顽强抵抗，结果他最终将其杀害。

这便是日本警方首次在调查活动中引入 DNA 鉴定手段的案子。其后，DNA 鉴定的重要性日益增加，如今其已然成为调查犯罪现场和识别个体身份时不可或缺的工具。

DNA 存在于细胞核中，假如尸体烧掉了或彻底腐烂了，则细胞核亦被破坏，也就做不了 DNA 鉴定了。可假如尸体"干尸化"，像木乃伊那样被妥善保存，则哪怕是几个世纪前死去的人的尸体，依然能够进行 DNA 鉴定。

总之，DNA 鉴定技术的问世，使得"确定被害人和凶手"的技术迈出了一大步。

案例 6：新型 "骗婚" 被害人

在多年从事法医工作的过程中，我发现，被害人有时有 "时代背景"，会随着时代而变化。

从前说起骗婚，几乎都是 "男人欺骗大龄女"。但进入 21 世纪后，情况开始逆转。

2009 年 11 月，一名 34 岁的女子在千叶、东京、埼玉骗婚多起，且作案手段相同——她先是勾引中年男子，对其无微不至，待双方开始谈婚论嫁、男方给予大量金钱后，便在酒中掺入安眠药，诱其喝下，然后实施纵火，或在车内制造一氧化碳中毒的环境，从而谋害男子。她前前后后夺去了 6 个男人的性命。

几乎同时，在鸟取县亦发生了类似案件。一名 35 岁的女子以中年男子为目标，通过花言巧语，骗取男子的金钱。待成功后，便骗其服下大量安眠药致死。她一共害死了 5 人，他们的尸体有的在河边被发现，有的在海边被发现，有的在公寓中被发现……

至于上述两桩案件的一些细节，至今仍然成谜。但从公开的报道来看，都是"女人骗男人，得钱后杀害"的"套路"。

女人轻轻松松杀掉男人，这颠覆了传统常识。时代在变，人心亦变，这使得犯罪的模式都在变。

换言之，被害人的众生相，是反映时代的镜子。

案例 7：34 年后的复仇

前面提过一些"凶手与被害人并不相干"的案例，而在接下来要介绍的案例中，凶手和被害人的关系可谓"似是而非"。

2008 年 11 月，一名高级官员被杀害。被害人是日本厚生劳动省的原事务次官。被害人及其家属先后遇袭，导致被害人死亡，其家属身受重伤。

被逮捕的凶手为男性，46 岁。据其供述，在他还是小学生时，他的爱犬被当地保健站捕获后"处理"掉了（译者注：该犬应该是无证犬，因此被保健站"人道灭绝"），因此他有了复仇的动机。可在大多数人看来，这样的作案理由着实难以理解。

凶手和被害人结下的"梁子"已是 34 年前的陈年往事，且二人并无直接关联。

人心如电，其会随着人的成长而变，亦会受到时代和环境变化的影响。而上述案件，又反映了怎样的问题呢？

一般认为，对于外界刺激的异常反应，往往属于一种"精神异常"，可事实真的如此单纯吗？或许对上述凶手而言，在还是懵懂少年的 12 岁时，自己对爱犬的"温柔呵护之心"被残酷现实背叛，而这挥之不去的阴影，使其在 34 年后实施了夺人性命的复仇行动。

总之，由于凶手与被害人的关联度太低、隔得太遥远，因此很难理解其作案动机。

可如果这样的案件今后日益增加，则"人人都可能成为被害人"，且很难"防患于未然"。

案例8：无冤无仇的2楼邻居

下面这个案例更让人心里不是滋味，对于其被害人，真不知该如何看待。

时值冬天，一名学生在家中做功课，可室内的煤气取暖炉不完全燃烧，导致其一氧化碳中毒死亡。

我在验尸后发现，死者尸体死斑呈鲜红色，的确符合一氧化碳中毒死亡的特征。

死者所在房间较小，空气密闭，缺乏换气装置，且煤气取暖炉已经老旧。当时，这类因取暖而导致的一氧化碳中毒死亡事件较多，于是警方也对此案这般处理。

可两天后，在同一栋木结构公寓的2楼，居然又发现一名学生死在自己的被窝里。

警方慎重展开调查，但最终判断其属于"非刑侦性事件"。

死者的尸体特征与两天前的那名一氧化碳中毒者完全一致，可其房内并无能够生成一氧化碳的装置。

通过一系列相关的鉴定和实验，警方发现，两天前的那名死者屋内的"煤气取暖炉不完全燃烧"事故，正是这第二名死者的死亡外因。

换言之，位于1楼的那名学生屋内由于煤气取暖炉不完全燃烧而产生大量一氧化碳，且由于一氧化碳气体比空气轻，因此一氧化碳在充满其屋内后，便穿过天花板缝隙，飘到了2楼。

两名死者彼此毫无瓜葛，却以"一氧化碳"这种物质为媒介，酿成了这样的悲剧。

可见，第二名死者完全是"莫名其妙受牵连"。在"岁月静好"的生活中，被害人遭遇飞来横祸，还来不及反应过来，便已命赴黄泉。类似这样的案件，我也经手过几桩。

而对被害人及其家属而言，可谓"无可奈何却又无法接受"。

案例 9：尸体产子

一名独居的中年女子死亡。

时值盛夏，根据现场情况，警方推断其为病死，而尸体已开始有些许腐烂。

由于当时已很晚，因此法医被安排在第二天来验尸，于是警方向死者所在公寓的管理员说明了情况。此外，为了减缓腐烂速度，警方将尸体保持赤裸状态，让其平躺在榻榻米上，并盖上被单，在门口拉起"禁止入内"的警示条，便暂且收队了。

次日下午 2 时后，法医和陪同的警官们一起来到公寓，打开死者所在房间的门锁后进入屋内。由于充满尸臭，因此警官打开门窗，并为了法医的验尸工作而掀开了死者身上的被单。可被单一掀开，警官就惊得叫出了声。

死者尸体大幅肿胀，皮肤呈红褐色，即腐烂程度已比较高了。

不仅如此，死者裆部居然有一具婴儿尸体，该尸体已呈黑褐色，且脐带仍与母体相连。

昨天还只是一具尸体，今天尸体却"产下"了一个婴儿。

但这样的现象并非"旷世奇观"，而是"偶有发生"。

我记得以前媒体也报道过类似事件。一名死亡的孕妇入殓，然后家属为其守夜。数日后，在举行遗体告别仪式时，家属为了见其最后一面而打开棺盖，结果发现该孕妇"产子"了。

那么问题来了，孕妇死后，依然能"产子"吗？

答案当然是否定的。真相是，由于对尸体的冷冻保存不到位，导致尸体腐烂，其体内充满气体，最终将位于尸体子宫中的婴儿"推了出来"。从表面看来，这宛如"尸体产子"，但其实不然。

法医学界称这样的现象为"棺内分娩"，并非什么"奇观异象"。

但实际目击者还是会被惊到，这也不难理解。

而对死者家属而言，这犹如死者"最后的凤

愿"，难免会感到悲伤和凄凉。当然，"产下"的婴儿早已死亡，等于失去了两条生命。

案例10："陪伴赴死"事件

一名女子在公寓内自杀。警方调查现场后，发现室内有一封遗书。据遗书内容所示，由于死者家人强烈反对其与男友结婚，因此她选择了自杀。

第二天验尸，警官带我来到了事发的死者屋内。

"咦? 不对啊。弄错房间了吧?"我不禁脱口而出。根据警方事先的情况说明，我知道是"一名女性自杀"。可在我进入房间时，发现里面躺着两个人。对此，另一名警官说道："没错的，就是这房间啊。"

"喂喂!"为了以防万一，姑且叫了一下躺在被褥里的二人。

结果没有反应，于是又尝试"摇醒"他们，可还是没反应。

接着小心翼翼地揭开被子，结果发现里面躺着一男一女，男的抱着女的，二人皆已死亡。

之后发现了该男子留在该屋内的遗书，使得真相大白。

原来，在警方调查完现场后收队回去的那天夜里，毫不知情的死者男友就像往常那样，用死者给的钥匙开门进屋，于是看到了死者的尸体，并通过其遗书得知"她是因为无法与自己结婚而厌世自杀"。结果，死者男友写下："我不会让你孤单，让我们在另一个世界团聚吧！"然后便追随女友而去。

就这样，现场多了一名死者，而我验了两具尸。

在昭和 30 年代（20 世纪 50 年代）以及更早的时候，这种类似"梁山伯与祝英台"的殉情自杀事件还时有发生，但最近已然绝迹。如今，说起"伴侣自杀"，一般都是高龄夫妇的一方承受不了照顾另一方的劳累，于是一方选择终结对方及自己的生命。对旁观者而言，可谓五味杂陈。

案例11：烧了两遍的遗骨

说起日朝"绑架问题"，曾经有一名被绑架的日本人的遗骨被送回日本，不知大家是否还有印象？

说起身份鉴别手段，以前的主流是指纹和血型，此外还有属于"人体测定法"范畴的"骨形测定"，测定对象包括头盖骨等各种人骨部位。

而近年来，由于DNA鉴定技术的问世和发展，使身份鉴别领域取得重大突破。地球上的人类，除了"同卵双生子"以外，没有两个DNA一模一样的人。换言之，DNA鉴定的错误率仅为四万七千亿分之一。但DNA存在于细胞核中，因此若人体组织腐烂或被烧，则细胞核便会被破坏，也就测不出DNA了。由此可见，也不能彻底依赖DNA鉴定技术，在无法采用DNA鉴定时，就要"具体情况具体处理"了。而有时，传统的"牙齿鉴别技术"反而能发挥意想不到的作用。

再说回上面提到的日朝"绑架问题"，当时由于日朝两国关系的紧张程度趋缓，因此朝鲜让数名被绑架的日本人回国。可当日方向朝方追问一名依然未交还的日本青年男子的下落时，朝方声称该人早已死于交通事故，其在朝鲜的坟墓也在一次洪水中被冲毁，但"幸运"的是，其遗骨还在，最终朝方答应归还他的遗骨。基于当时的报刊和其他媒体的报道，该事件的后续如下。

朝鲜人实行土葬，没有火葬习俗，因此朝方在向日方移交该遗骨时解释道"为了尊重日本习俗，将遗骨用火烧过了"，而且还烧了两遍。人早死了，且已成白骨，这时候再"火化"完全没必要。这明显是为了阻止日方进行 DNA 鉴定的伎俩，而结果也正如朝方所愿——细胞核皆被破坏，DNA 鉴定无法开展，死者身份无法确定。

但后来发现，装有死者遗骨的罐子里有一小片骨头，属于死者有腭骨的齿槽部分，于是有关部门委托牙科法医专家予以鉴定。结果发现，这片骨头的主人并非青年男子，而是高龄老人，且为女性。

至此，朝方的谎言不攻自破。"烧两遍的话，DNA 就被毁得干干净净，遗骨的主人便查不出来"，这应该就是对方的如意算盘。

可朝方哪里想得到日本法医学技术的进步程度。

"无明确动机"凶案的增加

前面提到，最近，"无明确动机"的凶案呈增加态势，这导致尚未破获的"无头案"亦持续增加。

因为"凶手与被害人并不相干"。

正如"随机砍杀路人"的凶手被捕后的常见供述——"（自己）只是想杀人，杀谁都无所谓"，这些人对家庭和社会心生排斥，持续过着逃避的生活，从而渐渐憎恨"不接纳自己"的社会和旁人。

但除去这种极端案例，在大多数凶案中，一旦弄清了被害人的身份，便等于是向着"查出凶手"的目标迈出了一大步。

因为二者的人际关系中便潜藏着作案动机，所以此为破案的关键。

至于鉴别个体身份的手段，传统手段包括血型、指纹、叠印法、牙齿特征等。而如今，DNA 鉴定已然成为主流手段。再加上 DNA 鉴定的错误率仅为四万七千亿分之一，其精确度可谓登峰造极。

但由于"公民基因库数据采集制度"并不存在，因此即便获得了嫌疑人的 DNA，也只能得知其生物学方面的特征，而并无法追踪到其户籍方面的个人身份资料。

所以说，直至今日，破案的起点依然是"被害人"。

通过充分调查分析被害人，顺藤摸瓜地一步步"接近"凶手，从而使案件的全貌逐渐清晰。

第 7 章

"怎样杀害"（方法）

——死者怎样被杀害？

识破凶手的伪装

凶手具体的作案方法是怎样的？

法医又如何通过验尸将其识破？

作案行凶的方式可谓千差万别。有殴打、踢击、刀砍、绳勒、水淹、火烧、从高处推落、投毒等等。只能"具体情况具体分析"。

而验尸和解剖的目的之一，便是弄清该问题。

但要注意，火灾现场的尸体不一定就是烧死的，水中浮起的尸体也不一定就是溺亡的。

如果只根据现场状态来判断死者的死因，恰恰会掉入凶手布下的"误导陷阱"。

所以说，死因归根结底还是要"基于尸体"。换言之，必须从验尸结果中找出死者的真正死因。

人会"带着"临终前的遭遇而死去。比如，真正死于火灾的人，其体内会吸入烟尘或一氧化碳，因此其气管内会残留黑色碳粉，或者其血液内会存有大量一氧化碳。

反之，如果凶手先将被害人勒死，然后再放火，试图制造"死者死于火灾"的假象，但由于起火时被害人早已没了呼吸，因此既不会将烟尘吸入气管，也不会发生"血红蛋白与一氧化碳结合"的现象。

由此可见，哪怕凶手实施了上述伪装伎俩，法医只要严谨地验尸，就能"听到"死者尸体的"倾诉"——"我不是死于火灾，我是被人勒死的"。

这便是前面提及的"生活反应"，被害人临死前的遭遇，会以"生活反应"的形式，存留在其尸体中。

再如，凶手在勒死被害人后，不管是制造其"病死"的假象，还是制造其"睡眠中死亡"的假象，只要法医在验尸中发现尸体面部有淤血及溢血点、尸体颈部有索状勒痕等"生活反应"，则一切伪装都随之土崩瓦解。

换言之，无论凶手如何试图掩盖其真正的行凶方式，杀死被害人时在其身上留下的痕迹（生活反应）却是无法抹去的。

凶手可以改变死者所在现场的状态，但改变不了死者尸体身上的生活反应。而在专家眼中，这种伪装伎俩完全是"以纸包火"。

可见，"死者怎样被杀害"这个涉及作案方法的问题，其答案就留在死者的尸体中。

下面介绍一些相关的具体案例。

案例 1：抱着酒瓶的路边尸体

寒冷冬季的一天，一名醉汉倒在路边，且已死亡，其怀中抱着一只接近空的酒瓶。警方调查后，弄清了死者的身份，且未发现该事件存在任何"刑侦性"，故判断死者的死因为"急性酒精中毒引发的心脏衰竭"，即"病死"。

可在事发 3 年后，由于凶手内讧，使得真相大白。

凶手有数人，其中有男有女，他们以平时嗜酒的被害人为目标，为他上大额保险，然后在数月后请他喝酒，将他灌醉后邀他坐车兜风，并在车中将他勒死，之后扔到路边。凶手们觉得光这样太容易暴露，于是拿个酒瓶，让他抱着。

结果正如凶手们所愿，警方以"病死"处理了这起事件，被害人被杀的真相并未败露。后来，凶手们瓜分了被害人的保险赔付金。

假如负责验尸的人当初认真严谨，肯定能从被害人尸体上发现"被勒窒息而死者"的典型特征，比如颈部的索状勒痕、面部的淤血及溢血点等。

可结果其忽视了这些关键点，而仅从"抱着酒瓶死亡"的现场状况出发，便判断其为"急性酒精中毒引发的心脏衰竭"，这完全着了凶手的道儿。

不管如何伪装死者的现场状况，只要其尸体呈现"被勒窒息而死者"的特征，其便是被勒死的，这是无法篡改的事实。

所以我强调多次，必须从验尸结果中找出死者的真正死因。

人死亡时，其临终前的生活反应会留存在身上。

而人一旦死了，不管凶手怎么作假，由于死人不会再有生活反应，因此不可能实现"完美伪装"。

死者怎样被杀害？如果明明是被勒死，却被当作"病死"处理，这既没能保护死者生前的人权，也没能维持社会的正义和秩序。作为法医，必须通过验尸或解剖，弄清凶手的作案方法。

案例 2：下了毒的乌龙茶

前面提到，凶手的作案方法包括"投毒"。对法医而言，这种"毒杀"是十分麻烦和棘手的，因为投毒者既不必亲自经手，也不必亲赴案发现场，只要借由他人或其他手段，便能把毒药送到被害人口中。

1998 年 7 月末，和歌山举办夏季庙会活动，有 4 人因食用在路边摊上买的咖喱饭而死亡，另有多名食客被送往医院救治。这便是震惊一时的"砒霜咖喱下毒事件"。之后，模仿该作案方法的恶性下毒案件接连发生。

其中一桩典型的"模仿案件"发生在1个月后，地点为长野县。被害人是一名男子，他前一晚喝酒太多，第二天早上宿醉难受，于是一起床就打开家里的冰箱，拿出冷藏的听装乌龙茶，一口气喝下。他身旁的妻子提醒道："你心脏不好，不要这样喝冷饮。"话音刚落，男子便扑通倒下。

救护车将他送往医院，无奈为时已晚，到医院时，他已经死亡。由于这属于"非正常死亡"，因此医院向警方提出验尸申请。根据死者的妻子所述，他平时心脏就不好，经常去附近的一家诊所配药服用，再加上死者倒在家人眼前，没有什么疑点。鉴于此，负责验尸的医生便开具了死亡诊断书，死因为"心脏衰竭"，即"病死"。

数日后，死者的妻子在看电视时，突然看到一则新闻报道——在她家附近的超市里，发现了掺有毒药的乌龙茶。

报道里说，该超市的店长看到货架上有一罐听装乌龙茶的罐头本身扭曲变形，想想这样的东西没法卖了，于是拿到自己办公室，等到吃午饭时，便打开这罐乌龙茶喝了起来。可刚喝第一口，他就觉得味道非常奇怪，于是马上吐掉了。为了保险起见，他去了医院，所幸无大碍。

警方调查后发现，上述店长喝的那罐乌龙茶里含有氰化钾，且罐底有小孔，还被强力胶封着。

该事件被媒体大肆报道，有人推测是"对该超市经营的有意破坏"，有人推测是"单纯的随机恶行"……

而那名死者的妻子看到该报道后，回想起自己丈夫最后喝的那罐乌龙茶也是在那家超市买的，于是立刻冲到垃圾箱里去找那个空罐。幸运的是，那个空罐还在。她急忙查看罐底，结果发现罐底有小孔，且被强力胶封着。

于是她报了警，而经警方检测，该空罐中的确也含有氰化钾。

上述两桩案件无疑是同一人所为。

可死者的遗体当时已经火化入土，无法通过解剖证明其死于中毒。但幸运的是，负责验尸的医生为了以防万一，在验尸后采集了死者的少量血液，并保存了起来。

于是对该血液进行检测，结果发现了氰化钾成分。

至此可以推断，凶手在听装乌龙茶中下毒，并将它们置于上述超市的货架上，属于"随机害人"的"恶作剧案件"。凶手的这般行为可谓罪恶至极，可直至今日，其仍然逍遥法外。

毒药这东西，只要投毒者"用得巧妙"，便能借由他人或其他手段，让被害人即刻送命。由于投毒者既不必亲自经手，也不必亲赴案发现场，因此即便查出其手段，也很难追查到凶手本人。

案例3：住院的患者突然死亡

关于"死者是怎么死的"这个问题，有个案例，体现了法医"专业水平"的重要性。

在某家精神病院，有名住院的患者突然死亡。

事件大致经过如下。

那名患者脾气暴躁，又叫又闹，数名护士将他"制服"后，便把他的手脚、胸部和腰部固定，绑在病床上。

深夜，查房的护士走入该患者的病房，发现他情况异常，于是慌忙叫来医生。医生给他注射强心针，并予以人工呼吸等急救措施，可最后还是没能把他救回来。

由于该患者生前并无足以致命的重病病史，且因发狂吵闹而被院方固定在了床上，因此其尸体接受了司法解剖。解剖负责人是当地国立大学的教授。

死者面部有淤血及溢血点，且其心脏和肺部亦有溢血点。鉴于此，该教授对在场的死者家属说："（死者）是窒息致死，应该是被紧紧固定在病床上的缘故。"

半年后，正式的鉴定结果出来了。其死亡诊断书上写着"急性心脏衰竭，属于病死"。当初明明说是"窒息而死"，可正式的鉴定报告上却变成了"病死"。于是死者家属找到那名负责解剖的教授，向其讨要说法。该教授解释道："对不起，（死者）并非死于窒息。警方没有发现任何与窒息相关的迹象，且急性心脏衰竭也会导致与窒息相同的特征，比如面部有淤血及溢血点等等。鉴于此，我才判断死者为病死。"

这番辩解显然是在维护院方，这让死者家属大为震惊。

对院方的不满，以及对解剖负责人的怀疑，在死者家属的心中逐渐郁结。有一天，死者的妹妹给我打了电话。她说她看了我写的《不知死，焉知生》，觉得"应该找我咨询"。这番通话后，过了数周，死者的妹妹带着父母和律师登门拜访，找我咨询。那位律师对医疗事故类的案子较为熟悉。

在听了对该事件的说明后，我得知死者死在住院楼，其与外界隔离，因此对于其死亡的原委，死者家属只能听到院方的一面之词，至于其他的"隐情"，家属也好，律师也罢，都无从知晓。

"目前姑且拿到了司法解剖负责人出具的解剖结果报告书，请您过目。"

我接过报告书一看，上面写着"死者面部淤血较深，且有溢血点"。该部位的彩色照片也附在报告书上。

关于溢血点，其实可以根据其大小细分为"蚤刺大小"（如针尖扎过的大小）和"小米大小"（如小米粒的大小），但由于二者面积都很小，因此许多验尸和解剖报告上只会触及"有无溢血点"，而不会如此细致。

而上述报告书亦是如此，但幸亏其附有照片。从照片来看，死者的溢血点并非如"针尖扎纸面"那种"蚤刺大小"的小点，而是像"整根针刺穿纸面"那种"小米粒大小"的大点。在溢血点中，这属于"大尺寸"了。

人因心脏病发作而无法呼吸，进而突然死亡时，其面部的确也可能出现淤血及溢血点。但由于从发病到失去脉搏的间隔时间极短，因此溢血点的面积极小。

可如果人的脖子被勒，则其血管被压迫，导致其血液流动受阻，从而窒息。在该过程中，其血流虽然受到"物理性阻隔"，但其心脏依然在正常跳动，这会导致血管内压升高，因此溢血点较深，且面积较大。

换言之，虽然都是溢血点，但"因突发疾病死亡"和"因被勒窒息而死"的溢血点的尺寸是不同的。

但教科书里并不会写明这点，仅止于"有无溢血点"的程度。

若没有大量实际经验，便无法如此细致区分。

尤其是大学的法医系，其往往只接手司法解剖，故明显属于病死、事故死、自杀等的"非刑侦性尸体"，则皆不在其列。也正因为如此，相关的解剖负责人几乎无法分辨溢血点的上述区别。

而法医则不同，从"健康者的突然死亡"到自杀、他杀、事故死……凡是"非正常死亡"的尸体，皆要经手和负责，因此能分辨溢血点的上述区别。

我如此告知来访的死者家属和律师，并得出结论——"（死者）窒息而死的可能性很大"。

律师和死者家属听后不住点头——"原来如此，那么拜托您出具相关鉴定书。"对此，我向律师强调道："这目前毕竟是我一家之言，因此在开具鉴定书之前，我建议你们先去问问其他专家学者的意见。"

数周后，律师回复道："我们咨询了一位知名的大学教授，他认为解剖负责人的推断无误。非常遗憾，可既然您的意见被否定了，那我们也就没法起诉院方了。"

换言之，死者家属和律师十分悲观，已经打算放弃。

又过了数月，他们再次登门拜访。这次他们笑容满面，律师一开口就对我说："了不起！您的意见证明是对的！经验这东西，真不是说说的啊。"

原来，律师四处打听调查，而在上述事发医院附近的另一家精神科医院里，他问到了线索。那家医院有一名年轻男医生，事发当晚，他就在事发医院"兼职赚外快"。

那名医生对上述事件的描述如下。

护士突然叫他去病房，赶到病房后，他看到患者躺在病床上，且已失去意识，两名护士在旁看护，于是他为患者注射了强心针，并实施人工呼吸，结果患者口中涌出呕吐物，他只好一边用机器吸走呕吐物，一边继续施救，可患者没能恢复意识，最终死亡。

那名医生还说，患者当天吃完晚饭后不久就对女护士动粗，还大吵大闹，数名男护士合力将他"制服"，并把他绑在病床上，之后他逐渐消停了。可在晚上 10 点左右查房时，护士发现他的下半身从床上滑落，原本固定在胸部的带子绕在了脖子上，呈上吊勒颈的姿势。

此时患者的身体已经冰凉，且开始出现硬直，但护士和另一名同事还是立刻把他扶回床上躺平，然后再去叫医生。而最终叫来的，正是那名从别院来兼职的医生。

第二天，那名医生听说患者被送去解剖了，之后的事情便一概不知了。

根据上述医生所言，律师也立即明白，死者并非死于急性心脏衰竭，其真正的死因有两种可能———是在吸呕吐物时导致的窒息死；二是从床上滑落时，固定胸部的带子勒紧脖子而导致的事故死。

院方则一味试图隐瞒该事件的"不祥真相"。

于是死者家属和律师起诉院方，而在法庭上，我出具的鉴定书被作为证据提交，而上面提到的那名年轻医生则作为原告证人，当庭陈述了自己值班当晚发生的一切。这使得院方的过失板上钉钉，最终，死者家属胜诉。

"死者是怎么死的？"

尸体溢血点的尺寸，道出了事件的真相。

案例4：窒息死三态

东京的一户大地主的千金死在了自己的卧室里。警方从死者家属处得知，死者虽然幼时患有哮喘，但后来没再复发，且最近身体健康。虽然不能据此就完全否定其病死的可能性，但由于死者面部有淤血，警方为了保险起见，还是决定将尸体送去进行司法解剖。

负责解剖的医生最终给出的结论是——"（死者）的确因窒息而死，但不清楚是因何窒息，所以拜托你们警方予以详细调查。"听了这番极其含糊的解释，警官们甚是迷惘。

于是负责该案的大队长来找我咨询。当年他就读警察大学时，曾听过我的课，因此我们早就相识。他说，由于负责解剖的医生给出的结论太过笼统，导致他们无法确立下一步的调查方针。

而我将此案梳理为三种假设，并向他逐一讲解。

第一，假设死者是因病而窒息，则导致其窒息的可能是"气管哮喘"。哮喘发作时，人可以吸气，却无法呼气，所以如果人因此窒息而死，则其肺部会吸入大量空气，从而像气球一般膨胀。解剖时如果拿手术刀去戳，空气就会被放掉，肺就会像瘪了的气球一样。

而他向解剖时在场的同事确认后得知，死者的肺并无上述特征。这么看来，负责解剖的医生可能还年轻，没有解剖过真正因气管哮喘而死的尸体。

至此，"气管哮喘"的死因便可排除了。但死者还可能是发病不适，然后恶心呕吐，进而不小心将呕吐物吸入气管而导致窒息。而通过确认，得知尸体的气管中并无异物。至此，第一种假设（因病而窒息）便可完全排除。

第二，假设死者是自杀而窒息。有的人会拿绳子勒住自己的脖子而求死，可一旦失去意识，手便会脱力而放下，使得绳子松开，人重新恢复呼吸。可见，这样的自杀方法难以奏效。

可如果将绳子予以固定（比如上吊之类），则

"自杀而窒息"便可成立。可根据作为"尸体第一目击者"的死者母亲的陈述，死者颈部并没有什么绳子。至此，第二种假设（自杀而窒息）也可排除。

剩下的第三种假设便是他杀了。

因此，我当时对负责该案的大队长说道："按照排除法的话，只能是他杀了。"

可他告诉我："基于现场状况，没有他杀的可能。"

我从他口中得知，死者的家（尸体被发现的现场）是传统和式的大户人家建筑。进门处的门厅设在房子中央，开门后，首先进入的是一间不铺地板的"水泥地"房间，而在房间的尽头，有通往2楼的宽阔楼梯。由于是木结构，只要人踩上去，那个楼梯就会发出吱吱嘎嘎的声响。

2楼走廊右侧的房间是死者父母的卧室，而左侧的房间便是死者的卧室。假如有人想夜间上到2楼来行凶，则那个楼梯发出的巨大声响足以惊醒睡在1楼的爷爷奶奶，因此"外人入侵"的可能性极低。

鉴于此，负责该案的大队长断定"不可能是他杀"。

对此，我回应道："详细情况我不清楚。但此案既然一非病死，二非自杀，则剩下的可能性唯有他杀，因此我认为还是应该顺着'他杀'这个方向，继续调查。"

1个半月后，有一天，负责该案的大队长打来电话，对我表示感谢。他说："多亏了你，我们抓获了凶手。"此案的真相如下。

被害人生前在一家便利店工作，该店店长是一名40多岁的单身男子。该男子屡次向被害人求婚，被害人次次拒绝，可他依然纠缠不休。后来，得知被害人就要与别人结婚的消息，他心里火烧火燎。

在"坚决不把心爱女人拱手让人"的占有欲的驱使下，他偷偷从被害人的手提包里拿出其家门钥匙，用便利店的复印机复印了钥匙正反面，之后手制了一把复制品。在一个夜晚，用钥匙开门，潜入被害人家里。

他走入门厅，想上楼梯，可脚一踏上楼梯，它就吱嘎作响，于是他立即作罢，转而沿着楼梯两边的支柱爬了上去。就这样静悄悄地到了2楼，然后他成功进入了被害人的卧室，发现被害人正在熟睡，被子一直盖过头。

接着他整个人压在被害人身上，并死死用被子按住被害人的脸和身体。没过多久，被害人便一动不动了。

可见，负责解剖的医生没有说错，她的确死于窒息，只是没能弄明白"凶手如何让其窒息"。

而假如经验丰富，便能推断出凶手的作案手段和方法，从而为破案提供突破口。总之，此案又一次体现了经验的重要性。

案例5：伪装成上吊自杀的凶案

在我的另一本著作《不知死，焉知生》中，我介绍过一起罕见的案件，其名为"背地藏凶案"。

一具尸体顺着河流流下。经调查，其颈部有索沟（绳子的痕迹），似乎是上吊致死。

解剖后的结论是，死者先上吊而陷入假死状态，然后再溺水而亡。换言之，其上吊后不久绳子断裂，使其坠入河中，最终溺死。可在东京都内，有完全符合该条件的地方吗？

唯一想得到的是东京都内的多座大小桥梁，可死者是年轻女子，应该不会选择在桥正中上吊自杀，且东京都内人流密集，特意选择在容易被目击的热闹地方自杀，这实在有悖常理。

但河流的上游有山林，有的大树的粗壮树枝会延伸至河中央上方。假如死者在这样的树枝上上吊自杀，则绳子断了后便会坠河，然后一路漂到下游的东京都内。可问题在于，既然到了山林，里面皆是树木，能上吊自杀的地方有的是，何必费力气去选有可能坠河的地方。

鉴于此，死者自杀的可能性相当低。

那么很可能是他杀，可死者颈部的索沟却又与上吊自杀的痕迹相吻合，这显然存在矛盾。

这导致警方一时难以制定调查方针。

于是警方咨询了多名法医，而这些法医冥思苦想，终于得出了一个较为合理的假设——"背地藏"。

在日本，经常能看见路边有地藏石像，这是日本原先的传统。以前的石匠会凿石雕刻地藏像，然后村民们会聚在一起，把地藏石像"请"到村里的十字路口旁。

由于石像很重，因此会选出年轻力壮的小伙子去背，小伙子背上石像后，用绳子将其固定。而在旁人看来，就如同地藏石像在小伙子的背上"上吊"一样，这便是"背地藏"一词的由来。

换言之，上述案件的死者乍一看似乎是上吊自杀，但其实很可能是以"背地藏"的姿态被凶手勒至假死状态的。若事实果真如此，那真可谓"构思巧妙"的杀人方法。而凶手不是精通法医学，就是一只手不好使，且必定是力气过人的大块头男子。

数日后，凶手被逮捕，男性，身材高大，且独臂。此案告破。

据凶手供述，他原本想掐死被害人，无奈自己独臂。可当时正好下起小雨，于是他以"当心淋湿感冒"为由，把一条布手巾搭在被害人肩上，然后看准时机，将她扛到自己肩上，接着单手拽紧手巾，把她勒至假死状态，然后将她丢到河里。

由此可见，如果认真分析验尸和解剖的结果，正确"读取"其中隐藏的信息，便能推断出凶手的作案手段和方法，进而推测出凶手的特征等，从而为破案做出重大贡献。

案例6：小心开车时突然发病

有这么一起事故。

开着车的司机突然说道："刹车不太灵了。"

他一边对坐在副驾驶的乘客如此嘟囔道，一边拐弯，可结果弯没拐过来，车子一头撞上了电线杆。副驾驶位的乘客由于冲击而身体前倾，头撞到了前挡风玻璃上。而司机则耷拉在方向盘上一动不动，在撞车时，他的前胸似乎重重地磕到了方向盘上。

救护车将二人送至医院救治。结果司机意识不清，打鼾昏睡；而副驾驶位的乘客只简单包扎了下头部就无大碍了。

第二天早上，司机在昏睡中死去。

副驾驶位的乘客明明只受轻伤，可司机却死亡。一般来说，情况应该倒过来，即与司机相比，副驾驶位的乘客往往伤势会更重。

由于与普通的交通事故有出入，因此警方委托法医进行行政解剖。

结果发现，死者胸部的磕碰只是轻伤，但其左脑有出血痕迹。由此推断，司机在开车时，其左脑突然出血，由于左脑负责控制人的右半身（同理，右脑负责控制人的左半身），因此其右下肢立即出现"运动麻痹"现象，使其右脚顿时缺乏踩刹车的力量，而其本人误以为"刹车不灵了"。

换言之，该事故表面上看似乎是"刹车故障所致"，但其实并非如此。

死因在司机自己身上。

可见，"透过现象看本质"至关重要。

凶手不可饶恕的行为

最后再讲一个"法医识破作案过程"的案例。

深夜，一个小偷潜入治安岗亭，试图偷取警用手枪。一名警员在小睡，另一名惊觉的警员立即起身去追小偷。他两三下便追上了小偷，并将其按住。

可小偷却拿出折叠刀抵抗，二人顿时缠斗在一起。

那名警员的左手掌面和左上肢有多处割伤和刺伤，左前胸部亦有刺伤。而由于他在受伤后依然追了小偷十几米，因此那一段路上持续有星星点点的血迹，而他最终倒下的地面则有一大摊血迹，可他的右上肢却没有伤痕。

该警员最终牺牲。而上述信息则来自之后醒来的那名警员的目击陈述，以及对牺牲警员的验尸结果。

而作为法医，该如何分析这些所得的信息呢？

首先要将验尸结果与现场状况相结合。

如此一来，藏在表象背后的事情经过便会浮出水面。

面对小偷刺过来的刀，牺牲的警员先是伸出左手，抓住了刀身。

可小偷立即把刀抽了回去，这使警员的左手手掌被割伤，形成了很深的创面，并伴有出血。这属于"防卫伤"。

接下来，警员试图将小偷继续按在地上，可小偷拿刀拼命乱刺。警员用左上肢格挡，试图挡开直刺过来的刀锋，可被挡开的刀锋胡乱刺到了他的面部、颈部和前胸等部位。这使他大量出血，最终倒在路上。因此其左上肢有大量"防卫伤"，这也体现了当时缠斗的激烈程度。牺牲的警员倒下后，小偷趁机逃掉了。

那么问题来了，在如此激烈的搏斗中，警员的右上肢为何无恙？

他的右臀部有枪套，里面有手枪。面对小偷的抵抗，为了能随时拔枪，他一直把右手置于枪套上，而只靠空出来的左手来竭力制服小偷。假如他早点拔枪，也许就能在保障自身安全的前提下制服小偷。

面对同僚的尸体，验尸时在场的警官们双手合十，并起誓道："凶手罪不可恕，我们一定会迅速将他捉拿归案。"

总之，像这样认真严谨地观察尸体、分析验尸结果，正确"读取"其中隐藏的信息，并与警方的调查情况相结合，便能推断出凶手的作案方法和手段。

第 8 章

"最后如何"（结果）

——最后的结果如何？

如何导出结果

"何时""何处""何人""和谁一起""为何""杀害了谁""怎样杀害""最后如何"。破解了"8个依据"中的问题，就等于彻底破了案。

话虽如此，但实行起来可不容易。

尤其是最后一个涉及"结果"的问题（"最后如何"），有时会与预想大相径庭。

一名年轻女子从所住的公寓楼上跳楼自杀。我在验尸时发现，其面部和手脚有多处皮下出血痕迹和撞击伤，且皮下出血痕迹的尺寸从"拇指大小"到"鸡蛋大小"不等。换言之，她死前遭到了殴打。

这怎么看都不像是单纯的跳楼自杀。

于是我推测，死者可能是在打斗后被人推下楼的。

警方也抱有同样怀疑，于是沿着该方向，展开详细调查。

　　而据与死者共同生活的丈夫所述，当时他们在吵架，还互相扭打了起来。最后，他对妻子（死者）厉声骂道："你这种人怎么不去死?!"而妻子则回应道："那我就死给你看!"然后立马就跳楼了。隔壁邻居也目击到了她"翻过阳台栏杆后纵身跳下"的一幕。

　　殴打、脚踢、语言暴力……在这一系列的刺激之下，死者才被逼跳楼自杀。

　　考虑到这样的原委，其实这等同于"他杀"。

　　可从法理事实角度来看，在死者坠落的瞬间，其丈夫并未实施诸如"在背后推她"之类的具体行动，因此死者坠楼属于自发性行为，"他杀"一说并不成立。

　　殴打和脚踢所致的皆为轻伤，语言暴力更是无形，因此虽然我认为上述案件"无限接近于他杀"，但其"结果"却是以"自杀"而结案。

　　再举一个案例，一名男子倒在地上，他身旁站着一名女子，其手上还握着一把带血的刀。

目击者报警，而该女子即刻被逮捕。

乍一看这似乎是"妻子杀夫"的案件，但其实并非如此。

原来，回到家的妻子发现丈夫躺在地上，胸部插着一把刀，于是去拔出了这把刀，而这一幕刚好被目击者撞见。

可见，若只看表面，则难辨真相。

再如人们常说"淹死会水的"，当会游泳的人溺亡时，比较常见的死因结论是"心脏麻痹"，可事实常常并非如此。

真实的情况是，有的人在游泳时会突然搞错呼吸的节奏时机，于是鼻子吸入水，耳朵感到疼痛。而这种情况在较小的概率下会发展为"头盖骨锥体（它是包裹中耳和内耳的骨头）淤血或出血"，从而导致位于其中的半规管机能低下，进而造成身体出现暂时性的平衡失调，最终使游泳者溺亡。

可见，"着眼表象而轻易贸然判断"可谓大忌。

若不能缜密观察、深度分析思考，则无法得出结果。而当得到意外的结果时，又该如何合理对待呢？下面予以举例说明。

案例1："尸体的倾诉"……

尸体不会开口说话，但若以法医学的角度仔细观察，便能获知死者关于自己临死前遭遇的"无声倾诉"。

曾从事多年法医工作的我，把实际接触到的这些"倾诉"记录了下来，并出书发表。迄今为止，已出版了数本。"尸体的倾诉"一直是我著书的中心思想之一，而有一天，有人问我："是否有'不倾诉'的尸体存在？"

在一片火灾后的遗迹中，发现了两具尸体，是一对母子。事发地点位于日本的一个小城镇。

经解剖后发现，孩子的气管里吸入了烟尘，因此可判断为"被烧死"，可母亲的气管里并无吸入的烟尘痕迹，一氧化碳中毒检测结果也为阴性，因此可判断其死在火灾之前。可她的身体既无病变，也无毒药成分，这导致其死因无法确定。

在火灾发生前，她究竟是怎么死的？警方和法医的调查至此遇到瓶颈，因为尸体并没有"倾诉"自己的死因。

但通过辖区所属县一级的警察厅的不懈调查，还是弄清了一些事实真相——死者的丈夫有情妇，一旦家中失火、妻子死亡，则大额的保险理赔金就会落入丈夫囊中。

可见其丈夫的作案嫌疑极大，但在正式的司法解剖鉴定书上，"死因"一栏赫然写着"不明"，因此无法逮捕该嫌疑人。

离上述火灾发生过去 2 年后，辖区所属县一级的警察厅十分焦急，再这样下去，凶手就真的可以逍遥法外了。为了获得足以起诉嫌疑人的证据，警察厅的相关负责人四处找法医学者和相关专家咨询，可依然未能求得明确的答案。最后，相关负责人找到了我这里。

那天，县一级警察厅的相关调查负责人带着部下，登门拜访。

他们把案件的相关资料并排摆在桌上，让我过目。"连通过解剖都无法搞清的难题，我就这样光看资料，怎么可能破解啊？"我心里一边这么想着，一边开始浏览资料。突然，一张彩色照片引起了我的注意。

我不禁叫出声来："（死者）是被勒死的！"

那张照片上是死者的颅底，是解剖时拍的。

在解剖时，打开尸体的头盖骨，取出大脑，就会露出颅底，正常的颅底骨头呈白色。

可那张照片上显示，死者的颅底骨头呈淡淡的青蓝色。如果骨头内的毛细血管有淤血，淤血就会显出赤褐色，而这种赤褐色透过骨头后，从表面看到的便是淡淡的青蓝色。这与皮下出血的情况类似——皮下出血后，血液原本是红色的，可透过皮肤后，从表面看到的便是淡淡的青蓝色。

"呃？！为什么您这么肯定？仅凭死者的颅底照片，您为何就判断她是被勒死的？"那名负责人十分惊讶。

人的脖子一旦被勒，就会呼吸困难，于是面部会因为淤血而发黑，这样持续一段时间，人就会因窒息而死亡，而其颈部则会出现索状勒痕。而在面部淤血时，同样的血管在头盖骨中亦有分布，因此头盖骨其实也会产生淤血。

但这在外部并不可见，唯有通过解剖，才能确认该现象。所以说，死者颅底的淤血，亦是其被勒死的证据。

可即便在法医学界，知道这点的人也不多。

原来，凶手（死者的丈夫）在勒死被害人（他的妻子）后，就实施了纵火。因为他曾在小说里看过，只要通过焚烧尸体，将其颈部勒痕和面部淤血等特征抹去，就能实现"完美犯罪"，所以他就如此效仿。结果还真"灵验"，警方一度找不到任何蛛丝马迹。

可哪怕凶手通过放火毁了死者的脸和身体，试图以此来掩盖罪行，火却烧不到她的头盖骨里面。

而在我的鉴定之下，此棘手案件的真相终于水落石出。

但假若此案发生时间更早，比如相关调查负责人再早个 5 年来找我咨询，那我恐怕就无法识破凶手的伎俩了，因为那时我的研究还没进展到这一步。

回到本案例开头提及的那个问题——"是否有'不倾诉'的尸体存在?"我的回答是"不存在"。换言之，没有"不倾诉"的尸体，只有未能"听取倾诉"的法医。

所以说，尸体不但会"倾诉"，而且十分"雄辩"。

案例 2："斗士姿势"的被烧尸体

尸体焚烧后，就会变成灰。

这个案例中的凶手，大概在火葬场见过这一幕。

凶手杀掉被害人后，将其手脚像"折伞"一样折叠了起来，然后将其放在两轮拖车上，在大半夜运到无人的空地，将其和报纸、杂志等一堆易燃物放在一起，点火焚烧。

烧了 1 个半小时，尸体已经如炭一般焦黑，可并未成灰。不仅如此，被烧的尸体反而由于肌肉的"热凝固作用"而导致关节弯曲，使整个尸体由先前的"折叠"状态延展为拳击手一般的"斗士姿势"。

换言之，原先"叠成一团"的尸体经过受热，变得"延展翘曲"，于是别说拿两轮拖车运，连放都放不下了。各位读者想必都吃过烤肉，在烤肉时，生肉会逐渐蜷曲。同理，若焚烧尸体的火力不够强，也会发生类似现象。

与计划大相径庭的后果，令凶手掩人耳目的企图失败，其罪行最终败露。可谓自作聪明却事与愿违。

案例 3：卓别林的亲子鉴定案

关于卓别林，想必不用多做说明。作为无人不知、无人不晓的伟大电影艺术家，他从企划、艺术指导、导演、摄像、主演到音乐，皆有造诣，可谓电影业的全才，给全世界的观众带来了多部令人惊叹的名作。

可在私生活方面，他却极为放荡不羁。

他有 4 次婚姻，还与多名女演员发生丑闻。可从另一个角度看，他又像为追求心中理想的清纯女子而苦苦寻觅的"爱的牧羊人"。他这份男人的哀愁，时而化为泪水，时而化为欢笑，从而深深触动了观众和看客。

1943 年，曾和他同居并共事过的一名女演员将他告上法庭，她的诉求是"让卓别林承认，她的孩子是卓别林的骨肉"。当时的亲子鉴定依据的是血型，即根据血型的遗传规则来判定结果。

卓别林是 O、MN 型，该女演员是 A、N 型，女演员的孩子是 B、N 型。虽然从 MN 型看，孩子可能是卓别林的，但从"ABO 式血型分类"看，O 型和 A 型是生不出 B 型的孩子的。由此得知，在医学层面，该孩子并不是卓别林的。

换言之，如果血型符合，也只能证明"父亲与孩子的血缘关系可能成立"，属于"弱肯定"，因为这世上血型相同的男人有的是。

但如果血型不符，则能百分之百否定"父亲与孩子的血缘关系"。

可见，基于血型的亲子鉴定属于"否定排除法"。

而后来得知，除卓别林外，该女演员还与其他 3 名男子有染。

然而法官却无视上述医学鉴定结果，最终判定卓别林是原告（该女演员）孩子的生父。这使得卓别林不得不向原告支付每周 75 美元的抚养费，以及 5000 美元的律师费。

究其原因，是由于美国有陪审团制度。当时电影可谓大众唯一的娱乐消费，而风靡一时的卓别林名利双收、财力雄厚。与之相对，被抛弃的上述女演员则生活困顿。

这或许激起了美国国民的同情心。毕竟二人在将近 1 年的同居生活期间，该女演员尽到了妻子的本分，充当着卓别林的"贤内助"，而卓别林不但对她始乱终弃，而且不用负责。面对这不断更换女伴的"花花公子"，旁观的美国国民大概实在"忍无可忍"了。

一个穷困的女子，独自抚养一个不被祝福、不知父亲是谁的孩子，这着实令人同情。而这样的"人情论"最终超越了科学的判断，成了左右法官判决的核心。换言之，法官认为"作为一个男人，卓别林应该负起相应的责任"。

上述判例富有人情味，法官的结论似乎也有道理。但在日本，法医学等科学领域的鉴定结果拥有优先级，若血型不符，则法官绝对不会认定上述这种"父子关系"，因此在头一次得知卓别林的上述案例时，我一下子陷入了困惑。

虽然日本和美国的诉讼及审判制度有别，但随着现代人私生活的日益开放，亲子鉴定的需求及相关事件日益增加。而在做出判断时，究竟该以"科学检测结果"为优先，还是该以"既成事实情况"为优先呢？

有没有能够跳出"非左即右""非黑即白"的明智方式呢？这是我一直在思考的问题之一。而上述案例可谓发人深省。

案例4：泡澡时突然死亡，究竟算"事故"还是"病死"？

随着日本老龄化程度的增加，最近"老人泡澡时死亡"的案例在增多。若死者生前投了保，则赔付金额会根据其死因（"病死"还是"事故死"）而截然不同。正因为如此，遇到类似情况，受益方和保险公司往往会走到打官司这一步，而对死者尸体的鉴定自然也成了常见环节。

前面提过，如果是在东京都内，则警方在调查现场后，会走行政解剖的流程，因此很大程度上避免了受益方和保险公司各执一词的矛盾。而且在东京都内等关东地区，这类情况大多被定性为"死者在泡澡时突发疾病（心肌梗死或脑出血等），造成意识不清而沉入浴缸，最终溺亡"，即"病死"。可在关西地区，这类情况有时会被定性为"事故死"，这使得保险公司还须赔付"伤害险"，于是保险公司往往会要求相关机构对尸体进行二次鉴定。

而定性为"事故死"的理由是"死者在泡澡时，由于体温急变、血压起伏、心跳增加、水压变化等影响，导致死者产生晕眩，气管吸水，最终溺亡，故属于外因"。

可问题在于，凡是泡澡的人，其身体都会产生上述变化，但并非人人都会因此溺亡。而且，就算上述变化导致了不适症状，也只是短暂性的——气管一旦吸进了水，人就会感到难受而惊醒，从而将头露出水面，或者用手抓住浴缸边缘，或者干脆起身。换言之，正常人会做出各种"自我保护的举动"，并不会溺亡。

有一起保险公司提出的上诉便是上述情况的典型，再加上死者泡澡的浴缸又小又浅，不存在"后背没地方靠"的情况。正常人即便气管吸水，呼吸困难，产生晕眩，也会立即惊醒。

而死者当时突然发作的疾病，导致其在呼吸困难的情况下都感知不到痛苦，从而在浑然不觉的情况下溺亡在浴缸中，因此这并非单纯的事故，而是疾病诱发所致，故基于医学因果关系，死者属于病死。通过上述申辩，保险公司最终胜诉。

可最近，这套逻辑似乎渐渐行不通了。

如今，日本高等法院的"主流逻辑"是"死者气管吸水是致死的外因所在，而并非死于内因（病死）"。换言之，死者（发病时）如果没有在泡澡，就不会死。

基于该逻辑，除非能提供有力证据，证明"死者即使气管不吸水也会死"，否则便会按照"事故死"来处理。

我认为这并不合理。因为我们每个人皆是"背负着过去，生活在当下"。一味提出各种"马后炮"的假设，例如"假设死者发病时不在泡澡的话"……对于死者的死因分析毫无帮助。再拿体育竞技打比方，如果一名一直保持领先的选手因为在临近终点线时摔倒而成了倒数第一，那么讨论和分析"如果不摔倒，那个人就是冠军"是否有意义？所以说，若在事后以假设的方式来改变事发时的条件，则完全缺乏说服力。

还有一个必须思考的问题。

比如，当汽车开不动时，存在两种可能的原因。一种是引擎故障等导致的"结构性损坏"，另一种是燃油耗尽导致的"功能性问题"。

人亦是如此，人死可能是"结构性疾病"（如脑出血和胃癌等）所致，也可能是"功能性疾病"（如精神打击和过劳死等）所致。但对于后者，即便对死者进行解剖，也无法目视到任何相关异常。那么问题来了，"不可见的无形之物"难道就无法成为证据吗？

就拿过劳死来说，我还在当法医的时候，就接触过不少因工作过度而死于脑出血和心肌梗死等突发性疾病的案例。

当时正值日本经济的高度成长期，不少人不得不每周 7 天持续工作。每天早上早早上班，晚上却要过 11 点才能下班回家。有的人因为连续加班而睡眠不足，有的连续 3 个月都没能休息 1 天。

"我觉得老公成了他公司的牺牲品，我去和他公司理论过，希望能算作殉职。可对方说尸体解剖证明上写明了'病死'，因此不属于工伤死亡。我也尝试向各方求助，可大家都说没办法……"

不知道有多少死者家属登门拜访我，也不知道有多少死者家属如此向我含泪倾诉。

而我每次都会向劳动基准监督署提交意见书，并附上死者的出勤记录表。我会在意见书中写道，虽然死于脑出血属于病死，但死者如此年轻，而其日积月累的过劳状态是加速其发病的原因，故其死因并非单纯的脑出血（病死）。

过劳并非可见的病变，即便解剖死者尸体，也发现不了相应的"可见证据"，但过劳无疑是加速死者发病的直接诱因，因此死者相当于殉职，相当于死于工伤。在每份意见书中，我都会着力强调这点。

但劳动基准监督署认为，无法证明的"无形诱因"不能充当死者的工伤凭据。因此对于我提交的意见书，其每次都予以否决。

同理，老人之所以会在泡澡时死亡，是因为其病症发作的程度非常严重，使其失去意识，从而导致其即便气管吸水，也依然不觉痛苦。这种"功能性症状"亦无法通过解剖来发现，但死者生前"气管吸水却浑然不觉"的状态，则说明了其病症发作有多严重，而这是不可忽视的关键点。

面对劳动基准监督署的冷淡回应，我毫不气馁，每次过劳死死者的家属前来拜访后，我都会将其诉求写进意见书，然后提交至劳动基准监督署。

而在我离开法医队伍后不久，时值平成初期，我看到报纸上的一则报道——《日本政府宣布认可"过劳死"》，这让我甚是欣慰。我微不足道的持续呼吁，终于开花结果。

至此，"过劳"这种不可视的"功能性死亡"总算获得了权威机构的承认。

再说回老人"泡澡时突然死亡"的情况，其与过劳死类似，也属于"功能性死亡"。换言之，是"功能性症状"的发作造成了死亡的结果。因此我相信，在不久的将来，其会被广泛认定为"病死"。

可能有人会说，这不是便宜了保险公司吗？不是让投保人吃亏了吗？但要明白，"利益得失"并非该问题的关键。

关键是"正确认识事实"。

所以说，必须正确导出"结果"。

"8个依据"的意义

至此，我介绍完了"8个依据"的意义，如果是童话故事，此处便应该有掌声——"可喜可贺可喜可贺"，然后以一个好结局收尾。但"8个依据"中的最后一个问题——"最后如何"（结果）即便得以解决，也无法使人快乐。

因为尸体必然存在，意味着死者必然存在。

在"发现尸体"的前提下，才有调查、验尸和解剖。才能得出死者是病死、事故死、自杀还是他杀的结论。

而哪怕解决了十分棘手的案件，像我们这样的业内人士至多感到充实，但不会感到欣喜。换言之，顶多是一种"卸下重担"的感觉。

再提一下前面介绍的"第8章案例1"，凶手看了描写"完美犯罪"的小说，于是进行效仿，他先将自己的妻子勒死，然后放火把家烧了，从而毁掉了死者颈部勒痕、面部淤血及溢血点等"窒息死"的特征。

解剖后，虽得知死者在火灾前就已死亡，但其具体死因不明。完全和小说里一样，凶手得以"瞒天过海"。

但鉴于凶手的作案嫌疑极大，因此警方锁定了他，并持续展开调查。

2年后，警方相关负责人找我咨询，通过一张死者颅底的彩色照片，我断定"死者是被勒死的"，并向警方相关负责人进行了简单易懂的说明，然后出具了鉴定书。

前面也提到，至此，该棘手的案件告破，凶手被判处了 14 年有期徒刑，我也松了一口气。可哪里想到，之后凶手提出上诉，最终无罪释放。

无罪释放的理由是，虽然根据我的鉴定，死者被勒死的事实无误，但没有有力证据能证明作案者是死者的丈夫。在我看来，姑且不去纠结死者丈夫是不是真凶，但如今真凶依然逍遥法外，得意扬扬，这是不争的事实。

换言之，该案仍未了结，而我既备感懊悔，又觉得无奈。

总之，凭着自己的知识和经验，我干了 30 年的法医工作。

死者虽然不会开口说话，但只要认真严谨地验尸和解剖，就能听到死者关于真相的"无声倾诉"。

而法医的工作，便是听取这样的"倾诉"，从而保护死者生前的人权，进而维持整个社会的秩序，因此不可谓不重要。

　　而若遵循"8 个依据"，便能解明案件的谜团，发现其中的真相。

后　记
对调查·验尸制度的重新审视

不管什么案件，凭借警方和法医的努力，包括遵循"8个依据"的验尸、解剖工作以及慎密细致的调查工作，真相终会水落石出，凶手也终会落入法网，受到应有的惩罚，而世间的秩序和正义也由此得到维护。

但纵观现实，诸如前面提及的"由于DNA鉴定初期应用阶段的'低精度'而导致的一桩悲惨冤案"（人称"足利事件"）以及"起初定性为自杀，多年后发现是他杀"等一系列错误和失误，依然在持续发生。

个中原因虽然多种多样，但在我看来，首先要从调查和验尸方面入手，重新审视其既有模式。

我认为产生问题的缘由有三：一是"由于未提出非正常死亡报告，导致死者未经验尸便被定性为病死，从而使真相被掩埋"；二是"虽然进行了验尸，但验尸者却未能察觉真相"；三是"虽然进行了司法解剖，但解剖者却未能察觉真相"。

鉴于此，我提出如下提案，权当本书的后记。

1. 未提出非正常死亡报告就被定性为病死

前面介绍过的"第3章案例6：瞳孔缩小的尸体"便是典型。

在某市郊有一幢独门独院的房子，周边的商贩习惯在其后院套廊处歇脚、吃午饭。可从某天起，在短短1个月内，就有3名在此处歇脚的商贩接连死亡。

经附近医生诊断，3人皆死于脑出血。但警方从第3名死者入手，开始调查。结果发现，独居在上述房子里的一名年过半百的女性是凶手。她曾向被害人提供免费的茶水和腌菜，而腌菜涂有农药，被害人就着午饭吃腌菜，结果毒发身亡。接着她便拿走被害人身上的钱财，然后叫医生。由于医生轻易地开具了死因为"脑出血"的死亡诊断书，使得凶手的罪行一度被掩盖。

于是"尝到甜头"的凶手一再重复作案，最终受到警方怀疑，导致其罪行败露。

而她杀的第 1 名和第 2 名商贩皆是突然倒地，接着被送至医院，然后短时间内便死亡，但院方皆以"病死"处理。

因此既未进行验尸，也未进行解剖，导致真相一度被掩埋。假如院方在处理上述第 1 名被害人时就能以"初诊患者突然死亡"为由，向警方提出"非正常死亡"报告，就不会有第 2 名和第 3 名被害人了，而且在此案告破时，前两名被害人早已被火化，因此无法立案，这着实令人懊恼不已。

我认为，这种"明明死因可疑，却未提出非正常死亡报告就被定性为病死"的情况，在现实中绝对不会少。究其原因，我已在本书中强调多次，其源于现行《医疗事故及医生法规》第21条内容（医生报告异常死亡等情况的义务）的含糊不清。

其内容为"对于死者或妊娠4个月以上的死婴，医生在发现其死因存在异常时，必须在24小时内告知所属辖区内的警察署"。

而在我看来，上述内容应改为如下。

"对于诊察超过24小时的患者，如果其死于内因（病死），则医生有权开具死亡诊断书。而在除此之外的所有情况下，死者皆被归类为'非正常死亡'，医生必须在24小时内告知所属辖区内的警察署。"

换言之，在大部分情况下，医生原则上都应提出非正常死亡报告。如此一来，便明确了"死因异常"（非正常死亡）的概念，从而减少了"漏网之鱼"。

至于"能够让医生做出正确判断的诊察（病情观察）时间是多久"？我觉得"24小时以上"是必要的。

2. 验尸后未能察觉真相

10 年前，有这么一桩案子。起初该案被定性为"死者上吊自杀"，但后来另一桩不相干的案子被侦破，而凶手在坦白罪行时，竟供出了这桩"上吊自杀案"的真相——凶手受被害人的妻子所托，杀死了被害人。换言之，该案并非自杀事件，而是雇凶杀人事件。

原来，当时负责调查该案的警官也好，负责验尸的医生也好，都缺乏法医学的相关知识。这导致他们无法根据死者颈部索状勒痕的形状和面部淤血、溢血点等特征来正确判断死者是"自杀"还是"他杀"，从而导致误判。

此外，前面介绍过的"第 4 章案例 4：4 名护士的罪行"亦与之雷同。4 名护士共谋，企图杀害自己的丈夫。由于其中一人的丈夫嗜酒，因此她们在其喝的酒中掺安眠药，待其睡着后，她们就顺着他的喉咙插入胃管，然后用针筒注入大量威士忌，为的是制造其急性酒精中毒死亡（事故死）的假象。

可结果被害人酒力太强，居然死不了。于是4人又用针筒，往被害人的静脉中注射空气，致被害人最终死亡。而在验尸时，不但有警官在场，而且通过CT扫描，负责验尸的人发现死者的脑血管中混有空气。然而不知为何，死者最终被诊断为"病死"，具体死因是"急性心脏衰竭"，这使得4名护士的罪行被掩盖。而在2年后，由于她们发生内讧，关系破裂，案件才真相大白。

在验尸现场，警官没能识破4人的虚假供述，医生也未能发现验尸结果中的异常。尤其对普通医生而言，其专攻是"治疗活人"，死人不用治疗，自然也不属于医生的专业范畴，所以普通医生往往缺乏验尸的实际经验。换言之，普通医生只知道通过听诊来测心跳和呼吸，从而确认患者是否死亡，至于推断死因，则超出了其"业务范围"。在我看来，"外行"的调查和验尸，是造成上述案件真相一度石沉大海的原因。

3. 司法解剖后未能察觉真相

少年打架斗殴，其中一人腹部被踢后被送到医院救治，结果无力回天。经司法解剖后，认定其死因为"由于腹部被踢而导致的外伤性休克死"。但由于此案被告也是未成年人，因此基于"确认鉴定结果是否合理"的主旨，需要另一名鉴定人予以鉴定。

在完成鉴定工作后，该鉴定人认为，虽然被告踢了被害人的腹部，但其尸体未见因外力而导致的皮下出血和内脏损伤等痕迹，这说明踢打的外力很轻，故不足以造成外伤性休克。此外，尸体的心脏有组织性病变迹象，因此其死因为"应激性心肌病导致的心脏病发作"。

按照日本法律，如果重大案件的罪犯是 14 岁以上的未成年人，则须由检察官参与调查，并提出处理意见，然后将犯人送至家庭案件法院，接受判决。

而在上述案件中，虽然负责司法解剖的医生判断被害人死于"由于腹部被踢而导致的外伤性休克死（他杀）"，但之后法官委托予以二次鉴定的鉴定人却主张被害人死于"应激性心肌病（病死）"。在对比这两种结论后，法官最终采纳了后者（病死）。

既然被害人是病死，则对被告的审判也随之取消。

对于该结果，被害人的父母无法接受，于是找律师商量，然后和律师一起登门拜访我。他们给我看判决过程中涉及的诸多资料，并向我说明事情经过，而资料中的一张彩色照片引起了我的注意。

被害人生前所穿的白色内裤前面染红了一大片，这是血尿的痕迹。当下腹部遭到大力踢打而导致膀胱黏膜损伤时，就会出现"血尿失禁"。

我又立刻查看被害人的尸体解剖鉴定书，上面写着"尸体膀胱内无尿"，果不其然。

如此一来，斗殴时的情况就明晰了——被害人的下腹部遭到踢打，引起外伤性休克，使其意识不清，前倾倒地。而意识不清又导致其神经系统麻痹，使其膀胱、尿道括约肌和肛门括约肌松弛。如果当时里面有内容物，则其便会大小便失禁。与此同时，其瞳孔括约肌亦会麻痹，从而导致其瞳孔放大。

　　在实施解剖时，被置于解剖台的被害人尸体是全裸的。其所穿的衣服和鞋子等都被鉴别科的警员作为证据拍照留底并保存，因此负责解剖的医生是看不到的。而由于尸体生前已失禁，因此其膀胱是空的。在这种情况下，即便医生推断其为"由于腹部被踢而导致的外伤性休克死"，也没有足以证明的充分证据。换言之，虽然进行了司法解剖，但相应的调查分析并未到位。再加上二次鉴定人审查的仅仅是解剖鉴定书，并不知道"血尿内裤"的存在，因而忽视了打架所致外伤的严重性，并轻易得出了"病死"的结论。

　　基于我的鉴定结果，被害人家属发起民事诉讼。而凭借我所指出的"血尿内裤"这一证据，被害人"病死"的判决结果被推翻，其下腹部所受外力损伤的严重性得到证明，其"外伤性休克死"的结论成立，被害人家属最终胜诉。

死者的死亡经过，死者的真正死因……要想弄清这些问题，就必须客观忠实地"聆听"尸体的"倾诉"，从而为死者"代言"。而这便是包括法医在内的所有"尸体鉴定者"的使命。

作为法医学的学习者和实践者，每当接触到这些案件，我都会生起敬畏之心。

4. 我的提案

为了避免重蹈覆辙，我的提案如下。

1. 修改《医疗事故及医生法规》第 21 条

现行的《医疗事故及医生法规》第 21 条的内容为"对于死者或妊娠 4 个月以上的死婴，医生在发现其死因存在异常时，必须在 24 小时内告知所属辖区内的警察署"。

可问题在于，医生发现其死因存在异常时，自然会告知警方，提交"非正常死亡"报告，但万一医生没能发现异常呢？且上述条款中对于"何为异常"并无解释，等于未将"非正常死亡"的概念明确化。

比如，救护车拉来初诊患者，可其没过多久就死了。陪同的家属说"（死者）平时就有高血压"，于是经手的医生便开具了死亡诊断书，上写"因脑出血而死"。类似情况绝对不在少数。

这样一来，"毒杀"之类的罪行就变得很容易掩盖。人突然死亡时，不管是因为疾病，还是因为中毒，其脑、肺、心脏等器官往往都会出现急性衰竭现象。面对这种难以分辨的类似症状，医生仅靠短时间的诊察，是无法明确区分的。

鉴于此，我再次强调，为了消除含糊不清的成分，我建议将《医疗事故及医生法规》第21条的内容修改如下。

"对于诊察超过24小时的患者，如果其死于内因（病死），则医生有权开具死亡诊断书。而在除此之外的所有情况下，死者皆被归类为'非正常死亡'，医生必须在24小时内告知所属辖区内的警察署。"

这样一来，就明确了"非正常死亡"的概念，从而减少了"漏网之鱼"。

2. 重新审视调查·验尸制度

在现场负责调查的警员虽然在处理案子、展开搜查方面是专家，但对尸体往往知之甚少。当然，他们会委托医生来验尸，但请来的大多是"警方委托医"，少有法医学专家。

所谓"警方委托医"，通常是在警局附近开诊的临床医生，平时负责警局警员和被拘留人员的健康管理工作，因此并非专业法医。但在警员眼中，验尸及查明死因似乎都是医生的职责范围，所以对其"彻底依赖"。然而事实并非如此——普通医生并没有警员认为的那么熟悉法医学。

开诊医生（临床医生）的专业是治疗活人，死人并非其救治对象。警员也好，普通医生也罢，在验尸方面皆属外行，缺乏法医学知识的"外行碰外行"，自然无法做出正确判断。

这也理所当然，毕竟普通医生学的是"治疗医学"，而死者根本不在其对象之列。所以说，委托普通的临床医生验尸并不合理。鉴于此，我的提案是，完善"调查官制度"。

3. 完善"调查官制度"

目前，日本的警察系统中已经有了"调查官制度"。资历丰富的警督会被派到大学医学部的法医学教室，接受为期半年的授课教育，并参与法医的验尸和解剖工作，从而积累实务经验。培训完毕后，他们会被分配到各县的警局总部，每个县的警局总部都能分到数名。这些人才被称为"调查官"，专门负责指导对"非正常死亡"的调查以及对"自杀还是他杀"的鉴别工作。由于县一级的地域面积广阔，他们无法亲自前往每个现场予以指导，因此多为"电话咨询指导"。

但在我看来，该措施并不够完善。我认为，各个警署都必须配备数名"调查官"。为此，应该从警长或副警长中选出有意愿成为调查官的人，让他们学习法医学和验尸的相关知识，从而将他们培养为符合要求的人才。唯有如此，警方在这一实务层面才能实现合理运作。

不过他们并不需要如法医般精通，不需要具备"查明死者具体死因"的水平。

他们要做的，是在开展调查活动时，能够鉴别死者是"自杀"还是"他杀"。这就好比在消防员队伍中有专门负责急救的人员一样，只要有一定程度的实操水平即可。真正专业的事情，还是要请真正专业的人来处理，这便是这种机制的意义所在。

前面也提过，培养一个真正能够验尸的专业医生并不容易，因此我建议将警官作为培养对象，从而增加警察队伍中了解验尸的"调查官"的数量。

陪死者一路走来

我没有治疗病人的临床经验，从进入医生这一行起，专攻的就是法医学，之后在东京都当了 30 年法医。

其间，我与警方一同经手过的"非正常死亡"

尸体超过 2 万具。

我虽号称"医生"，却不懂治病救人，倒是学会了与无言的尸体"对话"的本事。

因此，我识破过作案者的各种伪装，比如"伪装成病死"的杀人案等等。

但纵观日本的调查·验尸制度，至今依然难言到位，有诸多方面亟待完善。

而指出这些不足之处，使其成为完善的起点，亦是本书的主旨所在。

图书在版编目（CIP）数据

尸体教科书／（日）上野正彦 著；周征文 译. —北京：东方出版社，2023.9
ISBN 978-7-5207-3351-9

Ⅰ. ①尸… Ⅱ. ①上… ②周… Ⅲ. ①法医学 Ⅳ. ①D919

中国国家版本馆 CIP 数据核字（2023）第 035452 号

尸体教科书
（SHITI JIAOKESHU）

著　　者：[日] 上野正彦
译　　者：周征文
责任编辑：刘　峥　马　旭
出　　版：东方出版社
发　　行：人民东方出版传媒有限公司
地　　址：北京市东城区朝阳门内大街 166 号
邮　　编：100010
印　　刷：北京汇林印务有限公司
版　　次：2023 年 9 月第 1 版
印　　次：2023 年 9 月第 1 次印刷
开　　本：787 毫米×1092 毫米　1/32
印　　张：9
字　　数：85 千字
书　　号：ISBN 978-7-5207-3351-9
定　　价：52.00 元
发行电话：(010) 85924663　85924644　85924641